ざっくりだから、手軽でかんたん。

世界一作りやすい本格おうちパン

あっぁっパン教室
鈴木あつこ

KADOKAWA

世界一作りやすいおうちパンは簡単！本格的！

大人も子どもも、初めてさんも！失敗なしでおいしく作れます。

この本のパン作りでまず大事なのは、材料をよく混ぜること。それさえできれば生地ムラができず、焼き上がりも失敗しにくくなります。とくに材料が混ざっているか、生地がしっかり発酵しているかを見極めるのは初心者さんが迷いやすいところです。めやすを確認しながら、しっかり発酵させればパンは完成します。パン作りは難しい、上手に焼けない、そう思ってしまっている方も多いかもしれませんが、レシピ通りに作るだけで誰でもおいしくパンが焼けるようになります。

基本はワンボウルで混ぜるだけ。こね不足もなく、おいしいパンが完成！

世界一作りやすい本格おうちパンは生地を台に出してこねる作業がいらず、ワンボウルでよく混ぜるだけ。だから、「こね台」や「広いスペース」が必要なく、キッチンが粉で汚れにくい！　必要なのは、少し大きめのボウル（鍋でもOK！）と成形するスペース（まな板くらいの大きさで十分！）だけです。一見難しそうに見えるパンも、身近な材料と道具で誰でもおいしく作れちゃうのです。

パン専用の「型」がなくても大丈夫！

牛乳パック1個で
食パン型が作れます！

「食パンを作りたい！」、そう思っても食パン用の型がないから…とあきらめてしまう人もいるはず。ちょっと待って！　型は牛乳パックで代用できます。
ほかにも、型が必要なパンはいくつかあるのですがセルクルや丸型は牛乳パックで、コルプ型はどんぶりで代用できます。おうちにあるもので、十分にパンは作れちゃうのです。また、生地をのばすときは巻末の「パン専用型紙」も活用してみて下さいね。

3つの基本の生地でいろんな種類のパンができます！

作り方はほぼ同じ！

この本では「食パン生地」「ハード系生地」「デニッシュ風生地」の3種類をベースにしています。この3種類の生地も基本の作り方はほとんど同じなので覚えてしまえば、それぞれの生地を使って本格的なパンがたくさん作れるように。好みの生地から選んで作ってみてください。

食パン生地

ハード系生地

デニッシュ風生地

この本のレシピでこんなにたくさん作れます！

生地は3種類、作り方の基本はすべて同じです！

CONTENTS

〈注意事項〉

- 大さじ1は15mℓ、小さじ1は5mℓです。
- 卵はMサイズのものを使用しています。
- バターは特別な表記がない限り、食塩不使用のものを使用しています。
- オーブンは電子オーブンを使用しています。ガスオーブンの場合は、レシピより10℃をめやすに温度を下げて焼いてください。
- オーブンは焼く前に必ず予熱してください。
- パンの焼き時間はめやすです。ご家庭の製品により焼き時間に差が出ることもあるので、様子を見ながら加減してください。焼き時間の2/3が経過したときにうっすら焼き色がついているくらいがベストです。その時点で真っ白の場合は温度を10℃上げましょう。すでに焼き色が焼き上がりに近い場合は10～20℃温度を下げて調節してみてください。

Part 1
毎日食べたい 食パン生地で作るパン

Part 2

作ってみたら意外に簡単！
シンプルでおいしいハード系生地のパン

Part 3

バターがじゅわっとおいしい
デニッシュ風生地で作るごちそうパン

この本のパンの基本の作り方

1 混ぜる

材料が均一になるようにボウルの中でよく混ぜるのがコツ。材料を入れたら、そのつどしっかり混ぜましょう。

2 置く

すべての生地で約20分、しっかり置いて生地をつなげます。ボウルでしっかり混ぜてから置くと自然に生地がまとまってくれます。

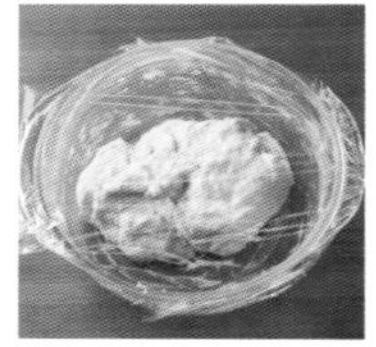

5 分割・ベンチタイム

焼きたい個数に生地を分け、乾燥しないように布巾などをかけて、一次発酵でふくらんだ生地を休ませてあげます。生地がのびやすくなり、この後の成形がスムーズに！

6 成形

パンの形を作ります。成形に入る前に手でやさしくおさえて軽くガス抜きをします。生地の表面に傷がつかないように、手や作業台に薄く粉を振ってから作業しましょう。

おいしいパンができるのにはいくつかのポイントとその理由があります。
本書のパン作りの基本の流れと所要時間のめやすを知っておきましょう。

3 たたく

ボウルの中で生地を返しながらたたきます。なんとなくつながった生地を、より強い生地にしていきます。混ぜ込みの材料があるときはここで加えます。

4 一次発酵

生地に張りやツヤが出て、プルンとしてきたら一次発酵へ。2倍の大きさにふくらむまでしっかり発酵させましょう。

7 二次発酵

成形後にもう一度発酵させるとふっくらとしたパンに！生焼けなどを防ぐためにも必ず1.5～2倍の大きさになるまで待ちます。

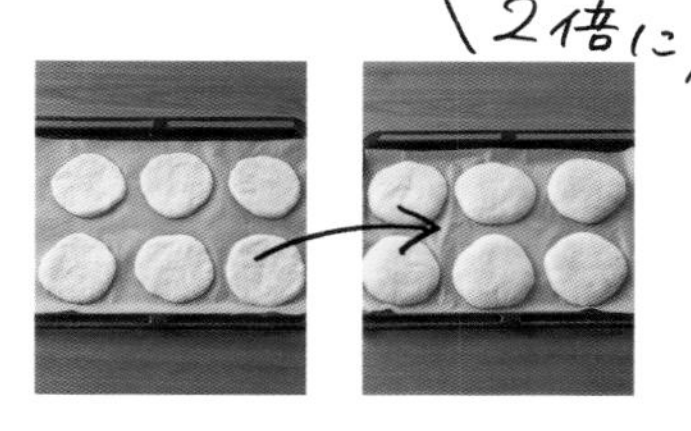

8 焼く

生地がしっかりふくらんだらオーブンへ。低い温度で長時間焼くと乾燥し、かたくなるので必ず予熱します。焼くときはオーブンの下段に天板を入れましょう。

パン作りで知っておいてほしいこと<その1>

打ち粉

打ち粉はパンを成形するときや生地がゆるくて扱いづらいときなどに、手や作業台に薄く振って生地を扱いやすくするための粉のことです。強力粉など、作るパンに使用している粉を使うのが一般的です。強力粉がない場合は薄力粉など、ほかの粉でも大丈夫。使う量はわずかで仕上がりに大きな変化は出ないので、おうちにある粉で代用しても構いません。打ち粉をするときに気をつけたいのは振る量。多すぎると生地が乾燥しやすくなるので、できるだけ少ない量にしておきましょう。生地がゆるくて成形しづらいときは、手に打ち粉（手粉）をすると作業がしやすくなります。

発酵はしっかりと

一次発酵ではきちんと2倍の大きさにふくらむまで待つことが大切です。しっかり時間をかけると生地が熟成し、焼き上がりもふわふわになっておいしいパンが焼けます。また、焼き上がってすぐにパンがネチネチする、生焼けになる、などは焼き時間が短いほか、発酵不足が原因になることも。生地が十分にふくらんでいないまま焼くと、生焼けになってしまうのです。とくに一次発酵の時間はしっかり取るようにしましょう。

生地の置きすぎや暑い季節の発酵は、生地がふくらみすぎる「過発酵」といわれる状態になることもあります。ただ、過発酵を気にしすぎるあまり、発酵不足にならないよう気をつけましょう。

一度で焼ききれないとき

オーブンの天板にパン生地がのりきらないときは、一次発酵の段階で生地を２つに分けて、発酵スピードを変えるようにします。ひとつはレシピ通りにオーブンで40℃の一次発酵、残りの生地は室温で一次発酵にして発酵をゆるやかにします。一次発酵を室温でする場合、時間は約60分がめやすです。オーブンで発酵した生地から順に成形、二次発酵へと進めて時間差で焼いていきましょう。
成形後（二次発酵前）にパンがのりきらないことがわかった場合は、二次発酵をオーブン発酵と室温発酵の２つに分けます。天板を２枚使い、一度にオーブンに入れて「2段焼き」をすることもできます。そのときは温度を10℃上げて様子を見ながら焼き上げましょう。

温度のこと

短時間でパンを焼き上げたい場合は、とくに生地の温度や室温などに気を配ってあげるとスムーズに。イーストは冷蔵庫の中でも活動し生地の発酵が進むので、寒くても大きくふくらみますが、時間がかかります。そのため、短時間で作る場合は生地や室温が少し温かいと感じるくらいで作業を進めるとよいです。シートバターを使用する場合は、あまり温かすぎるとバターが溶けてしまうので注意が必要です。

パンの保存

焼き上がったパンは、当日～翌日は室温に置いてOKです。翌日以降に食べたい場合は、食べる分ごとにパンを分けてラップをし、冷凍可能な保存袋に入れて冷凍庫で保存しましょう。1か月程度保存ができます。水分を逃がさないように包むのがポイントです。
食べるときはラップのまま自然解凍してトースターで焼きましょう。焦げやすいパンはアルミホイルに包んで焼くのがおすすめです。
冷凍してもおいしく食べられるパンは食パンなどなるべくシンプルで具材が少ないもの。クリームパンやカレーパンなど具材が多く入っているものも冷凍はできますが、解凍時にパンに水分が移り、ベタつくことがあります。

この本で使う材料

この本のパンの生地作りで使っている主な材料を紹介します。P.8で紹介したように
生地の作り方はほとんど変わらないですが、材料を変えるだけで全然違ったパンになるんですね。

生地のもと

パン生地にとってなくてはならない材料たちです。ふくらみのもとと合わせる前に混ぜておきます。

強力粉

パン作りの主役。「日清カメリヤ」はよくふくらみ、ボリュームが出やすいので初心者さんにおすすめ。

食パン生地
ハード系生地
デニッシュ風生地

薄力粉

強力粉と混ぜて使うのがよいです。強力粉のみのパンより軽さが出て、さっくりとした食感に！

塩

使用はごく少量ですが、味を決めたり発酵がうまく進むのを手伝ったりパン作りに欠かせません。

ハード系生地

モルトパウダー

麦芽糖の粉末で、ハード系生地では砂糖の代わりに使用。砂糖を使わないパンの発酵を助けます。

ふくらみのもと

パンのふくらみに欠かせないイースト。イーストをしっかり働かせるために必要な水分（ぬるま湯、牛乳）と最初に合わせて置いておきます。

ドライイースト

生地をふくらませるための酵母です。ぬるい温度に溶けやすく、イーストが活発に働くことで発酵が進みます。

ハード系生地
デニッシュ風生地

水（ぬるま湯）

イーストが溶けやすいようぬるめに。パン作りに大切な温度を調節します。夏は30℃、冬は40℃がめやす。

牛乳

水の代わりの水分として使用。風味がよくなり、焼き色もきれいに。水と比べるとやや発酵に時間がかかります。

砂糖

この本ではきび糖を使用。イーストの栄養分となり発酵を促します。パンに甘みを出し、きれいな焼き色がつきます。

風味づけ

生地のもととふくらみのもとに追加することで、また違った風味を楽しめるパンになります。

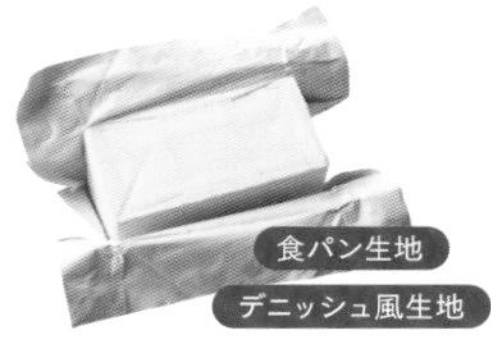

バター

この本では無塩バターを使用。風味がよくなるほか、生地の水分の蒸発を防いでおいしさが続きます。

デニッシュ風生地

卵

デニッシュ風生地で使用し、水分のひとつとなります。パンの内側は黄色に、外側はツヤのある色に！

作業用

パン作りの真っ最中に生地が手や台、道具にくっついてしまうとき、作業を助けてくれます。上記とは別で必ず用意しておきましょう。

打ち粉（強力粉）

この本では基本、強力粉を使用しています。打ち粉についてはP.10「打ち粉」も参考にしてください。

打ち水

生地をたたき混ぜるときに作業しやすいよう、手につける水です。水分が多すぎると生地がだれてしまうので、つけるのは2回くらいまでにします。

その他

生地にさらに風味をつけたいとき、たたく工程で混ぜ込みます。レシピごとに混ぜ込むときの準備がありますので各ページで確認してくださいね。

- 抹茶
- ココアパウダー
- 黒ごま
- ドライフルーツ
- 黒こしょう
- コーン　など

計量について

粉（強力粉、薄力粉）、砂糖、バターは前後5gくらいの誤差は大丈夫。きっちりしすぎなくてもいいので、気楽に進めてくださいね。

この本で使う道具

この本のパンを作るときに使っている主な道具たちです。大きな特徴は
パン専用の「こね台」が必要ないこと。それぞれ、どんなときに使う道具なのか確認しておきましょう。

耐熱ボウル

生地を混ぜたり、たたいたり、ほったらかす時間にも使います。粉が飛び散らないように大きめ（本書では直径20cmほど）のものを使いましょう。大きめであれば鍋などでもOK！

スケッパー

くっついた生地をはがすとき、分割するときなどパン作りでは様々な場面で使います。安く手に入りますので1枚は持っておきましょう。

計量

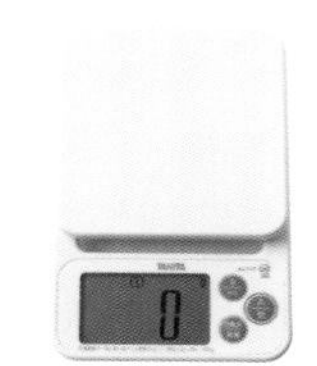

スケール

計量スプーン

本書のレシピは粉も、液体もほぼすべてg（グラム）で表記しています。材料によって計量スプーンと使い分けるのは面倒なので、スケールにおまかせ。状況に応じて計量スプーンも活用してください。

ほったらかし時間（置く・発酵・ベンチタイム）

ラップ

一次発酵などのときに、ボウルにかけて使います。

布巾

生地にかぶせるときに必要です。ハード系生地（油分が入ってない）には乾いた布巾、食パン&デニッシュ風生地（油分が入っている）には濡れ布巾を。

タイマー

発酵時間やベンチタイムを計るのに使います。ほったらかし時間は別のことをしているときもあるのでしっかり音が鳴るタイプのものを選びましょう。

成形

めん棒

成形のときにいよいよ登場。パン用にデコボコしたものを本書では使っていますが一般的な木のめん棒でもOK。生地がくっつかないようにしっかり打ち粉をして使いましょう。

クープ・トッピング

茶こし

飾り用の強力粉や、粉糖を振りかけるのに使います。

キッチンバサミ

パンの表面を切って仕上げるときや、エピを成形するときに使います。

カミソリ

切り込み（クープ）を入れるときに使います。ガードのついていない、よく切れるものを選びましょう。クープを入れるときはちょっと深めに思いきりよく！

ハケ

溶き卵を塗るときに使います。使いやすいサイズのものを選びましょう。

焼く

クッキングシート

天板に敷いたり、型にセッティングしたりしてパンがくっつくのを防ぎます。耐熱温度が高温に対応しているか確認しましょう。

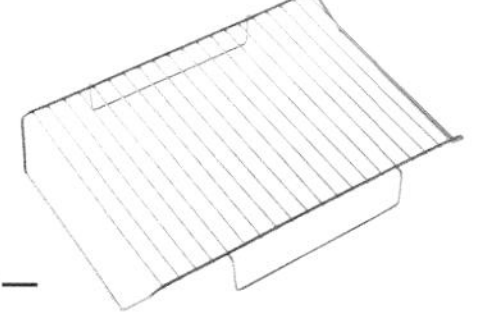

ケーキクーラー

焼き上がったパンをさますときに使います。型に入っているパンを型からはずしてのせることで、余分な水分を早く逃がします。

めん棒について

使用するめん棒によって生地の空気の抜け方が変わります。パンに合わせて変えてみるのもよいですね。

●デコボコめん棒
生地がくっつきにくく、生地の中の空気がしっかり抜けます。ボリュームをおさえたいフーガスやお好み焼きパンのように薄くペタンコにしたいときも便利です。

●木のめん棒
生地の中の空気が抜けづらいので、二次発酵で生地が大きくふくらみやすくなります。ふっくらボリュームを出したいパンのときにおすすめです。

この本で使うパンの型

この本のパン作りではいくつか型を使うレシピがあります。
持っていない場合は、牛乳パックで作れるものもあります。

食パン型

19.5cm×9.5cm×高さ9.5cmの型を使っています。使うときはバターをたっぷりと塗るか、クッキングシートを敷きます。

丸型（直径12cm×高さ5.5cm）

デニッシュ風生地のうず巻きお花パン（P.74）で使っています。クッキングシートをざっくり敷いて使いましょう。

セルクル型（直径8cm×高さ2.5cm）

食パン生地のグラタンパン＆クリームチーズパン（P.34）で使います。底がないので熱がこもらず、さっくり焼き上がります。

マフィンカップ（底径5.4cm×高さ4cm）

シートバターを折り込んだデニッシュ風生地で作るめくるデニッシュ（P.86）で使います。製菓用で100円ショップなどで購入することもできます。シリコンなどのマフィン型を使ってもOKです。

パン専用型紙

この本には、パン専用の型紙が2枚、巻末にあります。○cmにのばす、直径○cmの円に、といわれてもすぐにはわからない！　そんなときは型紙の円や定規を活用してください。クッキングシートの下に置くなど、直接パンにくっつかないようにして使いましょう。

＼ 専用の型がなくてもOK！ ／

牛乳パック型の作り方

必要なもの（すべての型共通）

牛乳パック（1ℓ）、ハサミ、ホチキス、アルミホイル、クッキングシート

食パン型

❶ 牛乳パックを切る。

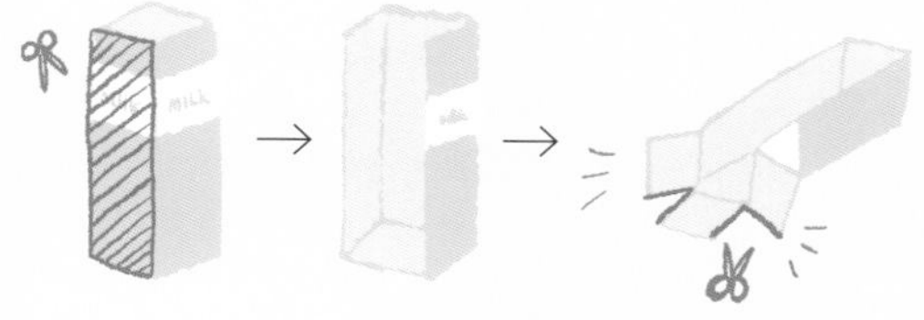

❷ ホチキスで側面をとめる。

❸ 外側をアルミホイルで包む。

❹ クッキングシートを型に合わせて折り目をつけ、切り込みを入れる。

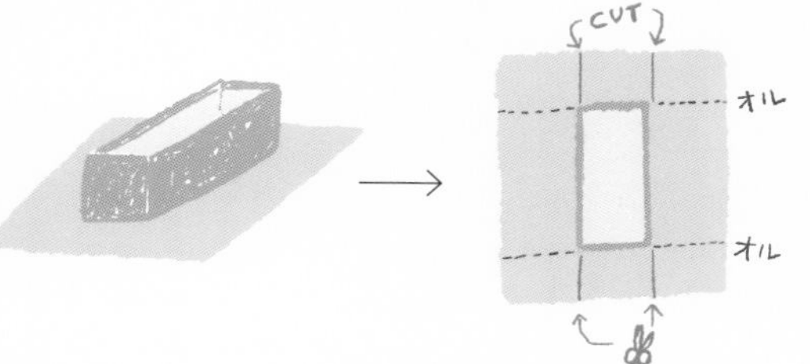

❺ 型の中にクッキングシートを入れて完成！

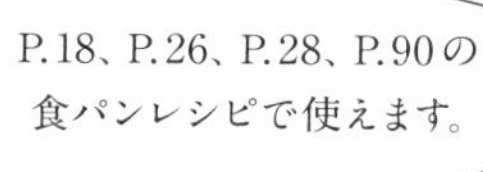
P.18、P.26、P.28、P.90の食パンレシピで使えます。

セルクル型（直径8cm）、丸型（直径12cm）

❶ 牛乳パックを切る（丸型はAとBの2枚に切りホチキスでつなげる）。

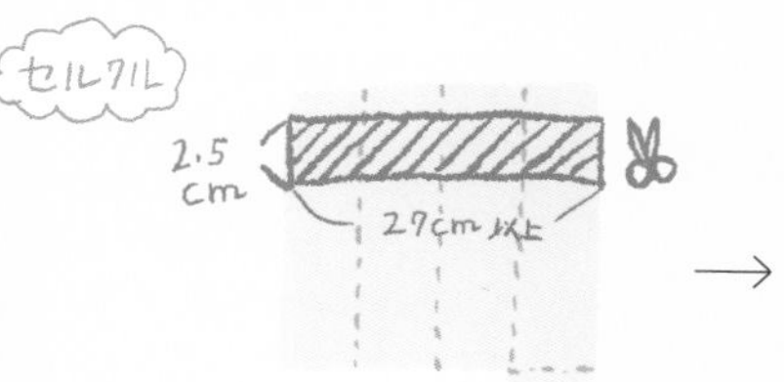

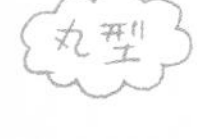

❷ 全体をアルミホイルで包む。

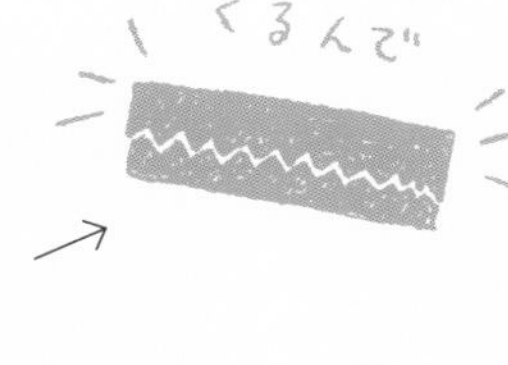

❸ アルミホイルの巻き終わりが外側になるようにしてホチキスでとめる。

❹ 型の中に長方形に切ったクッキングシートを入れて完成！

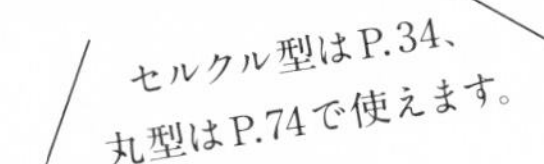
セルクル型はP.34、丸型はP.74で使えます。

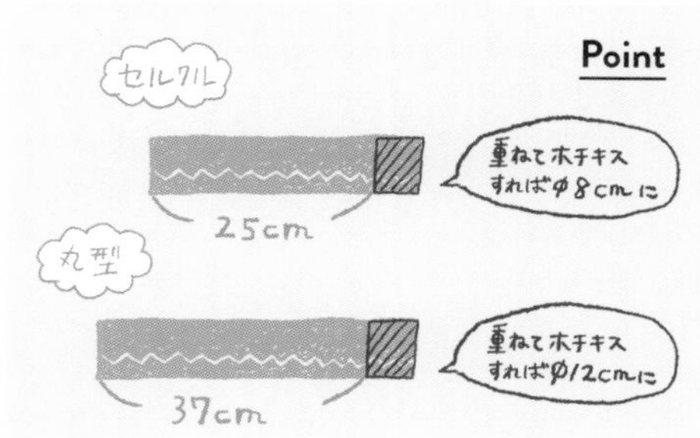

◎本書の使い方

おいしくパンを作るためのこの本の見方と、これだけは守ってほしい
おうちパンのルールをまとめました。作り始める前にチェックしておきましょう。

F 作り方

基本の生地を用意したあとの作り方です。段階ごとにわかりやすくしています。基本の生地を使ってバリエーション豊かなパンが作れます。

G 二次発酵後

二次発酵が完了したときのパンのふくらみ具合のめやすです。しっかりふくらんでいたらオーブンへ。二次発酵不要のものは省いています。

H ポイント写真・イラスト

レシピのポイントです。わかりづらい箇所などはこの写真や成形のイラストを参考にしてください。

I memo

レシピのポイントや、さらにおいしく楽しむためのアレンジレシピなどを紹介しています。参考にしてみてください。

A BASIC／ARRANGE

本書は3種の生地を基本としています。基本の生地作りとパンは「BASIC」、基本の生地を使った応用パンを「ARRANGE」としています。

B 難易度

3段階の星で表していて、星ひとつが最も簡単です。自分のペースで好みのパンから挑戦してみましょう。

C 時間

実際に手を動かす作業時間とパンが完成するまでのおおよそのめやすの時間を示しています。ほったらかしている時間はほかの作業をしてもOK！

＼焼き時間込み！／　＼手を使う時間／

TOTAL 3時間　　作業時間 約30分

D 生地作り

あらかじめ用意しておく基本の生地について明記しています。「一次発酵まで」など済ませておく工程は、レシピにより異なります。

E 材料・準備

具やトッピングなど生地作り以外に必要なものを明記。材料の計量や準備はパン作りを始める前か一次発酵中に済ませておくとスムーズです。

レシピの決まり

水の温度はぬるめにする

水の温度が冷たすぎるとイーストが働きにくく、生地が発酵しづらくなります。夏は30℃、冬は40℃が理想的！

一次発酵は2倍の大きさまで

一次発酵でしっかり生地がふくらむまで待つのが大事！　これさえ守れば失敗パンは防げると言っても過言ではありません。

扱いづらいときは打ち粉をする

手に生地がくっつくときや、まとまりにくいときは生地や手に打ち粉をします。粉っぽくならないよう薄く振りましょう。

オーブンは必ず予熱する

庫内を温めておくことで焼き時間が短くなり、パンの表面が乾燥しづらいです。ふわふわに焼くために必ず予熱します。

Part 1

毎日食べたい 食パン生地で作るパン

ふわふわやわらかい焼き上がりで、シンプルな味わいが特徴の食パン生地。
初心者さんはこの章のパンから始めてみるのもおすすめです。
何度食べても飽きない味できっとリピートしたくなること間違いなし！

よく混ぜると生地にツヤが出て、
しっとりふわふわの食パンに仕上がります。
しっかり混ぜたらあとは発酵を待つだけ！

BASIC ふわふわ食パン（難易度 ★★☆）

食パン生地の基本の作り方で、しっとりソフトな食感の食パンを作ります。
シンプルな生地で飽きのこない味わいです。

〔材料〕1斤分　19.5cm×9.5cm×高さ9.5cm食パン型

強力粉 … 300g
塩 … 小さじ1(6g)

牛乳(ぬるめ)… 230g
ドライイースト … 小さじ1(3g)
砂糖 … 大さじ2と1/2(25g)

溶かしバター(無塩)… 25g
打ち粉(必要に応じて)… 適量

TOTAL 約2.5時間
作業時間 約25分

〔作り方〕

混ぜる

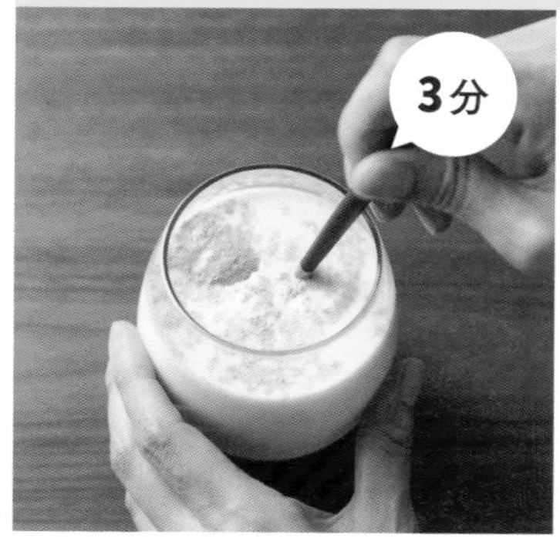

1 カップなどに牛乳、イースト、砂糖を入れてよく混ぜ溶かす。そのまましばらく置き、しっかりなじませる（**約3分**）。

2 1を置いている間に、ボウルに強力粉、塩を入れてぐるぐると全体をよく混ぜる。

3 2のボウルに1を入れて、さらによく混ぜる（**約2分**）。

Point

牛乳について、夏は30℃、冬は40℃くらいをめやすに調整しましょう。イーストをしっかり溶かして、このあとの工程でイーストが働きやすい温度（約30℃）に生地の温度を保つことが大切です。溶けにくい場合は、少し置いてから混ぜると溶けやすくなります。

Point

粘りが出るまでしっかりぐるぐる混ぜましょう。思っているより力が必要です。指で粉のかたまりをつぶしながら混ぜるのがコツです。

4　粉けがなくなったら、溶かしバターを加えてバターが生地になじむまでさらによく混ぜる（**約3分**）。

Point

溶かしバターは完全に溶け切っていなくても、混ぜやすいやわらかさになっていればOK。バターは電子レンジ（600W）で10秒ずつ様子を見ながら加熱するか、湯せんにかけて溶かしましょう。

生地を置く

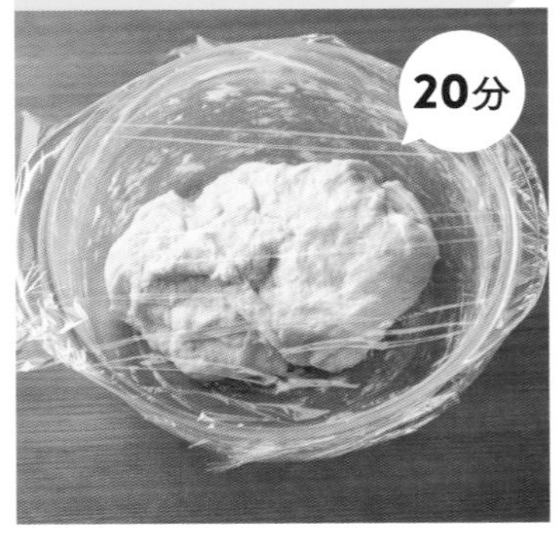

5　生地をひとまとめにしてラップをかけ、**室温**で**約20分**置く。

Point

この生地を置く時間が実はとても大切。ほったらかしている時間が、生地をつなげ、こねる作業の代わりのひとつになります。

たたく

6　生地が手につかないように軽く水をつけ、生地の端を持ってやさしくたたいて表面を張

Point

手に水をつけるのは最初の2回まで。生地がくっつくからといって水をつけすぎるのはやめましょう。この返しながらたたく

一次発酵

（一次発酵前）

（一次発酵後）

8　ボウルにラップをかけ、**40℃**のオーブンに入れて**約40分**発酵させる。

9　2倍くらいの大きさにふくらんだら一次発酵完了。

Point

一次発酵がパン作りで実は一番大切。必ず**2倍まで**ふくらませるようにしましょう。ふくらみが足りないと感じるときは、約5分ずつ発酵時間を追加して様子を見ます。

分割・ベンチタイム

10　台に打ち粉をして生地を出し、スケッパーを使って3分割にする。

Point

打ち粉の量と生地をさわるのは最小限にするのがおいしい食パンにするコツです。生地とスケッパーと手がくっつかないようであれば、打ち粉はしなくてもOK。

らせるようにしながら返す。15～20回で生地の表面がきれいになるように返していく。

7 生地の表面がつるっときれいになってきたら、生地をひとまとめにして丸める。生地のとじ目は下にしてボウルに入れる。

工程がこねる作業の代わりのもうひとつです。

Point

もし、生地がどうしても手につくようであれば軽く打ち粉をして作業をしましょう。

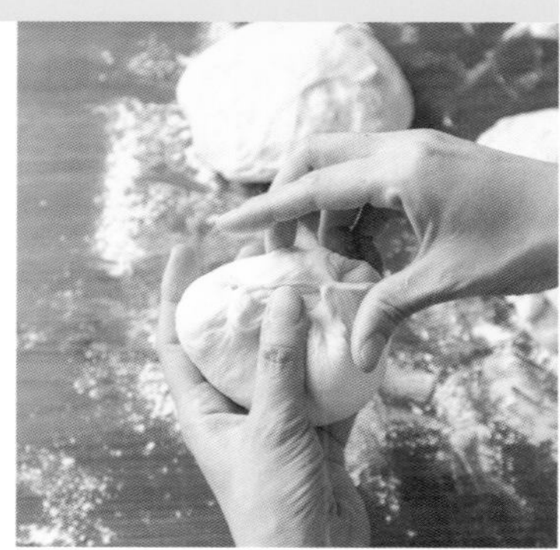

11 手にも打ち粉をし、分割した生地をそれぞれやさしくポンポンとおさえて表面を張らせるようにして丸め直し、とじ目をとじる。

Point

生地の表面を内側に入れるようにして丸め直すときれいな表面にすることができます。

分割・ベンチタイム（つづき）

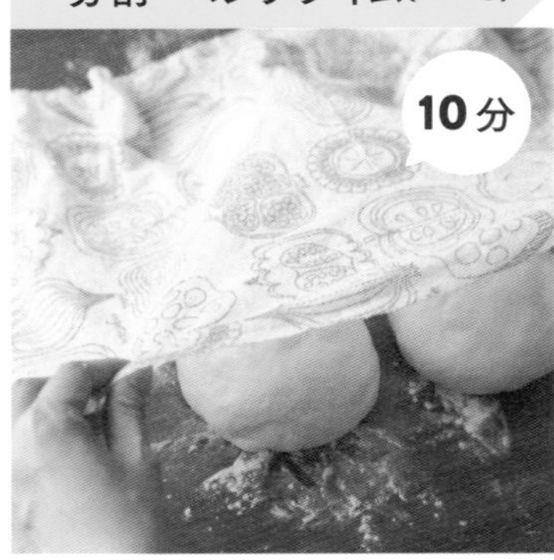

12 とじ目を下にして台に並べ、濡れ布巾をかけて約10分そのまま置く。

Point

ベンチタイムは生地を熟成させておいしくすることと、このあとの工程で成形をしやすくする2つの役割があります。

型を用意する

13 食パン型の内側とフチにたっぷりのバター（無塩・分量外）を塗る。

Point

このときにしっかりバターを塗っておかないと、焼き上がった食パンが型からはずれにくくなります。型のフチにも、バターを塗るのを忘れずに。バターがないときはクッキングシートを内側に敷き込んでもOKです。

成形

14 かぶせていた濡れ布巾をはずし、生地をやさしくポンポンとおさえて表面を張らせるようにして丸め直し、とじ目をしっかりととじる。

二次発酵

（二次発酵前）

17 型にふんわりとラップをかけ、40℃のオーブンで約30分発酵させる。

（二次発酵後）

18 生地が型のフチの1cmほど下までふくらんだら二次発酵完了。

Point

牛乳パック型で作るときは型のフチ、ギリギリまでふくらんでいる状態が二次発酵完了のめやすです。

焼く

200℃／20分

19 200℃に予熱したオーブンで約20分焼く。焼き上がったら、すぐに型からはずし、ケーキクーラーの上などに出す。

Point

型に入れたままにしておくと湿気でパンの表面がしわしわになります。焼けたら「すぐ!」型からパンを出してあげましょう。

生地を型に入れる

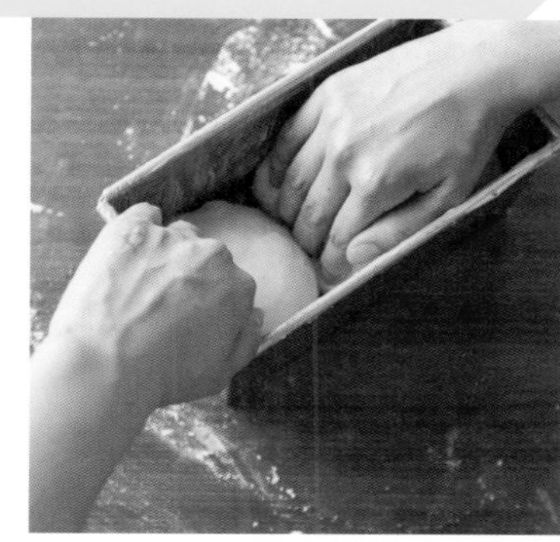

15 生地のとじ目を下にして、型にひとつずつていねいに入れる。

16 3つ目の生地を入れるときは、片手にとじ目を上に向けた生地を持ち、もう片方の手ですでに入れてある生地をやさしく寄せて、隙間を作ってから入れるときれいにおさまる。

Point

寄せた手が抜けなくなりやすいので、寄せる前に手の表裏に軽く打ち粉をしておくのがおすすめです。

Memo

食パン型がなくてもOK！

この食パンは、同じ分量と手順のまま、牛乳パックを型にして作ることもできます。
牛乳パック型の作り方はP.15で紹介しています。
食パン型がない、という場合はぜひ牛乳パック型で試してみてくださいね。

ARRANGE

白いクリームパン（難易度★★☆）

生地

食パン生地を「一次発酵」完了まで作る。（P.18／作り方**1**〜**9**）

〔材料〕10個分

【カスタードクリーム】

卵黄…4個分
砂糖…100g
薄力粉…40g
牛乳…360g
ラム酒…小さじ1/2
（バニラエッセンス2、3滴やオレンジリキュールなどにしても）
バター（無塩）…10g

強力粉（飾り用）…適量
打ち粉（必要に応じて）…適量

〔一次発酵中に準備〕

- カスタードクリームを作る。
- クッキングシートを12㎝角の正方形に切る（10枚）。

TOTAL 約2.5時間

作業時間 約35分

焼く直前に強力粉を振って
低い温度でじっくり焼くことで
白さがかわいいパンが完成します。

〔作り方〕

分割・ベンチタイム

1 台に生地を出してスケッパーで10分割にし、丸め直す。

2 とじ目を下にして台に並べ、濡れ布巾をかけて**約10分**生地を休ませる。

成形

3 布巾をはずし、生地をやさしくおさえたら、めん棒で15cm×12cmの楕円にのばす。上半分にクリームをのせる。(*a*)

4 生地を手前から奥に折りたたみ、フチを押してしっかりととじる。(*b*)

5 クッキングシートに生地をのせスケッパーを使って、4か所に切り込みを入れる。(*c*)

二次発酵

6 クッキングシートごと生地を天板にのせてふんわりとラップをかけ、**40℃**のオーブンで**約20分**発酵させる。パンがひとまわり大きくふくらんだら、二次発酵は完了。

焼く

7 茶こしなどで、強力粉（飾り用）を全体に振りかけ、**160℃**に予熱したオーブンで**約15分**焼く。

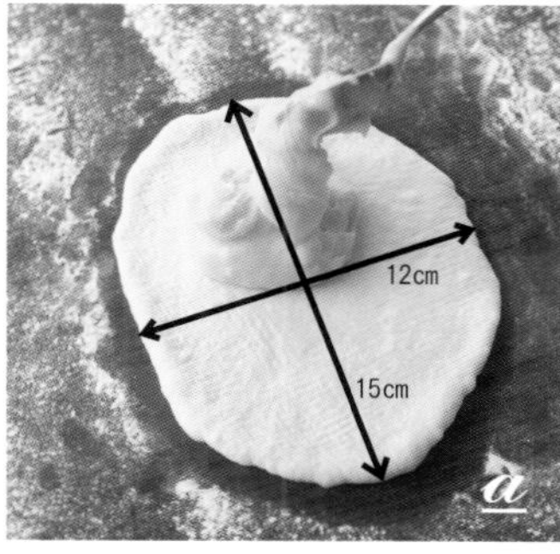

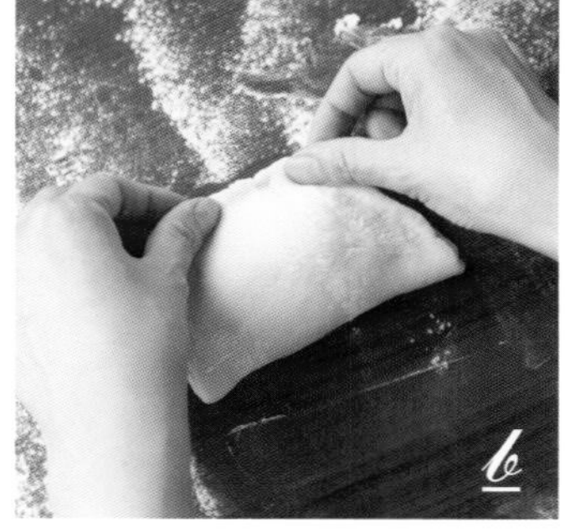

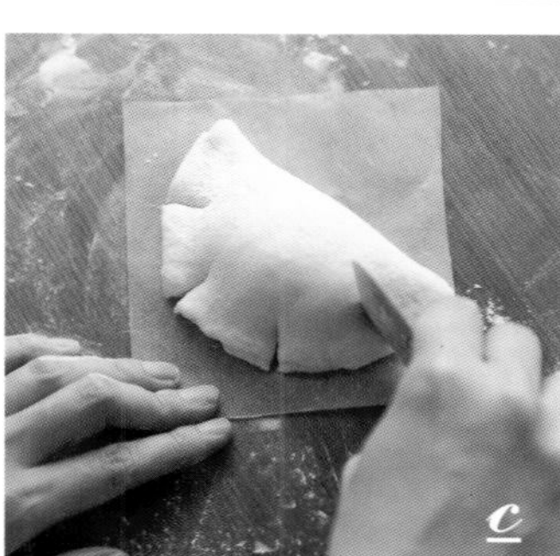

カスタードクリームの作り方

1 耐熱ボウルに卵黄と砂糖を入れ、泡立て器でよくすり混ぜる。全体が混ざったら薄力粉をふるい入れ、さらに混ぜる。

2 牛乳を2、3回に分けて加え入れ、そのつどよく混ぜる。

3 ボウルにふんわりとラップをかけ、電子レンジ(600W)で2分加熱する。いったん取り出して泡立て器で全体をなじませるように混ぜ、さらに1分ほど加熱し混ぜる。

4 クリームを持ち上げて、ゆっくり落ちるくらいのとろみになるまで、「1分加熱→全体を混ぜる」を繰り返す。

5 風味づけにラム酒とバターを加え、よく混ぜる。バターが溶けて、全体がなじんだら粗熱を取り、冷蔵庫に入れておく。

Point

クリームが固まってきたら、泡立て器から、ゴムベラに持ち替えると作業がしやすいです。生地に包むとき、クリームが冷えすぎていると二次発酵が遅くなってしまうので、包むときにクリームと生地が同じくらいの温度になっているのがベストです。

ARRANGE

塩バターコーン食パン（難易度★★★）

TOTAL 約2.5時間　作業時間 約30分

バターの香りとコーンの甘みが口いっぱいに広がります。ぜひ、焼きたてをちぎって、ほおばってみて！

生地

食パン生地を「生地を置く」完了まで作る。（P.18／作り方**1**～**5**）

〔材料〕1斤分　19.5cm×9.5cm×高さ9.5cm食パン型

【具・混ぜ込み】

ホールコーン（缶詰）… 120g

バター（無塩・トッピング用）… 10g

塩 … 適量

打ち粉（必要に応じて）… 適量

〔準備〕

- ホールコーンはキッチンペーパーなどで**しっかり**水けを取る。
- トッピング用のバターは細かく切る。

〔作り方〕

たたく・混ぜ込み

1 コーンを2、3回に分けて加える。生地全体にいきわたるように、そのつどたたきながら返し混ぜる。（*a*）

2 生地をひとまとめにして丸め、とじ目を下にしてボウルに入れる。

一次発酵

3 ボウルにラップをかけ、**40℃**のオーブンで**約40分**発酵させる。生地の大きさが2倍くらいにふくらんだら、一次発酵完了。

分割・ベンチタイム

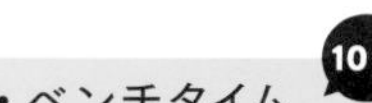

4 台に生地を出してスケッパーで8分割にし、丸め直す。

5 とじ目を下にして台に並べ、濡れ布巾をかけて**約10分**生地を休ませる。

成形

6 生地を休ませている間、食パン型の内側とフチにたっぷりのバター（無塩・分量外）を塗る。

7 布巾をはずし、生地をやさしくおさえたら、表面を張らせるようにして丸め直し、とじ目をしっかりととじる。

8 とじ目が下になるように生地8個を型全体に並べ入れる。（*b*）

二次発酵

9 型を天板にのせ、ふんわりとラップをかけ、**40℃**のオーブンで**約30分**発酵させる。型のフチの1cmほど下までふくらんだら二次発酵完了。

トッピング

10 8個の生地の中心をハサミで十字にカットする。それぞれの切り口にトッピング用のバターをのせ、塩を振る。（*c*）

焼く

11 **200℃**に予熱したオーブンで**約20分**焼く。

二次発酵後

a

b

c

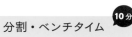

Memo

牛乳パック＆3分割にしても作れる！

生地を8分割にして、丸め直して…というのが大変な場合は「ふわふわ食パン」（P.18）と同じように生地を3分割にする成形や、型を牛乳パック型にして作ることもできます。

ARRANGE

抹茶うず巻き食パン（難易度★★★）

2種の生地を重ねて巻くと、断面がかわいいうず巻きの食パンのできあがり。着色料などが使用されていない抹茶を使うと鮮やかな緑色になりますよ。

TOTAL 約2.5時間

作業時間 約35分

生地

食パン生地を「生地を置く」完了まで作る。(P.18／作り方**1**～**5**)

〔材料〕1斤分　19.5cm×9.5cm×高さ9.5cm食パン型

【具・混ぜ込み】

抹茶パウダー … 大さじ1（15g）

お湯 … 約小さじ2

かのこ豆 … 50g

打ち粉（必要に応じて）…適量

〔準備〕

・抹茶パウダーとお湯を混ぜ合わせる。

〔作り方〕

分割

1 台に生地を出して、スケールを使って、均等に2分割する。

たたく・混ぜ込み

2 [プレーン生地] たたきながら返し混ぜる（P.20／作り方6を参考に）。

[抹茶生地] お湯で溶いた抹茶を加える。全体の色が均一になるまでたたきながら返し混ぜる。（*a*）

3 それぞれの生地をひとまとめにして丸め、とじ目を下にしてボウルに入れる。

Point

塩バターナッツチーズパンとチョコナッツパン（P.55／写真*a*）のように、生地と生地の間にクッキングシートを挟めば、ひとつのボウルに両方の生地を入れられます。

一次発酵 40分

4 ラップをかけ、**40℃**のオーブンで**約40分**発酵させる。生地の大きさが2倍くらいにふくらんだら、一次発酵完了。

ベンチタイム

5 台にそれぞれの生地を出し、丸め直す。

6 とじ目を下にして台に置き、濡れ布巾をかけて**約10分**生地を休ませる。

成形

7 生地を休ませている間、食パン型の内側とフチにたっぷりのバター（無塩・分量外）を塗る。

8 布巾をはずし、生地をやさしくおさえたら、めん棒でそれぞれの生地を18cm×28cmの長方形にのばす。

9 プレーン生地と抹茶生地の間に空気が入らないように重ね、やさしくおさえて、2つの生地を密着させ、かのこ豆を散らす。

Point

かのこ豆も、散らしたあとに手で軽く上からおさえ、生地に密着させます。

10 手前から生地を巻き、生地の巻き終わりが下になるように型に入れる。（*b*）

Point

最初のひと巻き目をギュッと強めに巻くと完成したときのうずがきれいに仕上がります。

二次発酵

11 型を天板にのせ、ふんわりとラップをかけ、**40℃**のオーブンで**約30分**発酵させる。型のフチの1cmほど下までふくらんだら二次発酵完了。

焼く 20分

12 **200℃**に予熱したオーブンで**約20分**焼く。

二次発酵後

Memo

ホワイトチョコレートも合う！

かのこ豆を同量のホワイトチョコレートにしてもおいしいです。抹茶が苦手な方はココア生地（純ココアパウダー15gをお湯小さじ2で溶く）にアレンジしても。

ARRANGE

シュガーレーズンパン（難易度★☆☆）

仕上げにバターをのせることでリッチな味わいに。レーズンはぬるま湯で洗って表面のコーティングを落としておきます。

TOTAL 約2時間

作業時間 約30分

生地

**食パン生地を「生地を置く」完了まで作る。
（P.18／作り方1〜5）**

〔材料〕10個分

【具・混ぜ込み】
ドライレーズン … 100g

バター（無塩・トッピング用）… 適量
グラニュー糖 … 適量
打ち粉（必要に応じて）… 適量

〔準備〕

- レーズンはぬるま湯で洗い、キッチンペーパーで**しっかり**水けを取る。
- トッピング用のバターは細かく切る。

〔作り方〕

たたく・混ぜ込み

1 生地にレーズンを2、3回に分けて加え入れる。生地全体にいきわたるように、そのつどたたきながら返し混ぜる。（*a*）

2 生地をひとまとめにして丸め、とじ目を下にしてボウルに入れる。

一次発酵

3 ボウルにラップをかけ、**40℃**のオーブンで**約40分**発酵させる。生地の大きさが2倍くらいにふくらんだら、一次発酵完了。

分割・ベンチタイム

4 台に生地を出してスケッパーで10分割にし、丸め直す。

5 とじ目を下にして台に並べ、濡れ布巾をかけて**約10分**生地を休ませる。

成形

6 布巾をはずし、生地をやさしくおさえたら、表面を張らせるようにして丸め直す。

二次発酵

7 天板にクッキングシートを敷き、とじ目を下にして生地を並べる。ふんわりとラップをかけ、**40℃**のオーブンで**約20分**発酵させる。ひとまわり大きくふくらんだら二次発酵完了。

トッピング

8 生地の中心をハサミで十字にカットし（*b*）、切り口にトッピング用のバターをのせる。上からグラニュー糖を振る。

焼く

9 **180℃**に予熱したオーブンで**約15分**焼く。

二次発酵後

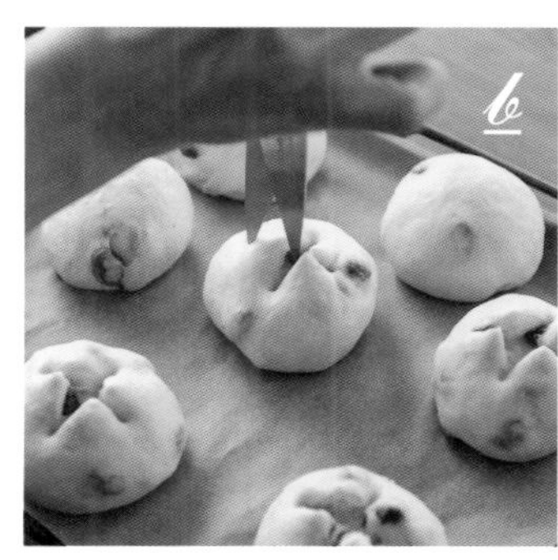

Memo

ドライフルーツはお好みで

レーズンをお好みのドライフルーツに変えてアレンジするのもおすすめです。
※分量や焼き時間、混ぜ込み、成形の方法は同じです。

ARRANGE

くるみお花パン（難易度★★☆）

お花の形がかわいらしいくるみパンは
生地を２枚重ねて厚みを出します。
形は少しデコボコなくらいが
素朴でちょうどいいです。

TOTAL 約2.5時間

作業時間 約40分

生地

食パン生地を「生地を置く」完了まで作る。
(P.18／作り方**1**〜**5**)

〔材料〕8個分

【具・混ぜ込み】
くるみ(素焼き)… 100g
はちみつ … 適量

溶き卵 … 適量
打ち粉(必要に応じて)…適量

〔準備〕

・形がきれいなくるみ8粒を選び、トッピング用に取り分け、残りは少し小さく砕いて混ぜ込み用にはちみつであえる。(*a*)
・クッキングシートを10cm角の正方形に切る(8枚)。

〔作り方〕

たたく・混ぜ込み

1 はちみつであえたくるみを2、3回に分けて加え入れる。生地全体にいきわたるように、そのつどたたきながら返し混ぜる。

2 生地をひとまとめにして丸め、とじ目を下にしてボウルに入れる。

一次発酵 40分

3 ボウルにラップをかけ、40℃のオーブンで**約40分**発酵させる。生地の大きさが2倍くらいにふくらんだら、一次発酵完了。

分割・ベンチタイム 10分

4 台に生地を出してスケッパーで16分割にし、丸め直す。

5 とじ目を下にして台に並べ、濡れ布巾をかけて**約10分**生地を休ませる。

成形

6 布巾をはずし、生地をやさしくおさえたら、めん棒で直径8cmの円にのばす。

7 生地を2枚ずつ重ね、クッキングシートにのせる。(*b*)お花形になるようにスケッパーで5か所に切り込みを入れる。(*c*)

二次発酵 20分

8 天板にシートごと移し並べてふんわりとラップをかけ、40℃のオーブンで**約20分**発酵させる。ひとまわり大きくふくらんだら二次発酵完了。

トッピング・焼く 15分

9 生地の中心にトッピング用のくるみをおし込み、表面全体に溶き卵を塗る。180℃に予熱したオーブンで**約15分**焼く。

Point

ツヤのあるパンを作りたいときには、表面に溶き卵を塗ります。お好みなので、もちろん塗らなくてもOKです。

二次発酵後

a

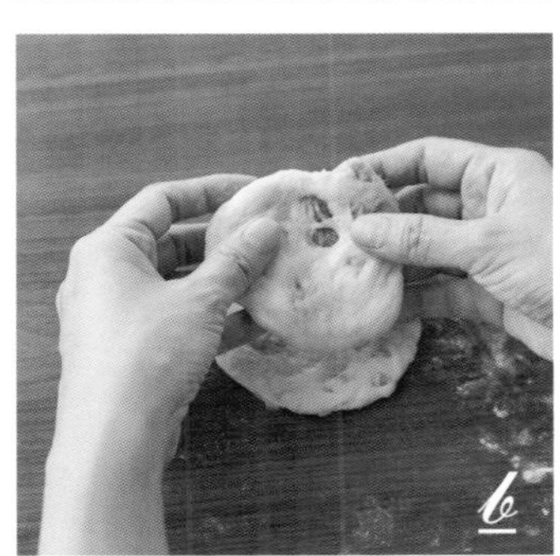
b

c

生地

食パン生地を「一次発酵」完了まで作る。(P.18／作り方**1〜9**)

〔材料〕各5個分　直径8cm×高さ2.5cmセルクル型

【グラタンフィリング】

A
- 玉ねぎ(薄切り)…1/2個
- しめじ(ほぐす)…1/2パック
- ベーコン(細切り)…50g

バター…20g
(炒め用・有塩でも無塩でもOK)

薄力粉…大さじ2

牛乳…150g

塩・こしょう…各少々

【クリームチーズフィリング】

クリームチーズ(室温)…100g

砂糖…15g

溶き卵…40g

生クリーム…70g

薄力粉…3g

レモン汁…3g

オレンジスライス(あれば)…5枚

打ち粉(必要に応じて)…適量

〔一次発酵中に準備〕

- フィリングを作る。
- クッキングシートを3.5cm×27cmの長方形に切り(10枚)、セルクル型の内側にセットする。

TOTAL 約**2**時間

作業時間 約**40**分

ARRANGE

グラタンパン&クリームチーズパン(難易度★★☆)

二次発酵なしでおいしく作れる、のせるだけの惣菜パン。中身を変えたら、おかずにもおやつにも。あなただけのお好みの具を研究してみてくださいね。

〔作り方〕

分割・ベンチタイム　10分

1 台に生地を出してスケッパーで10分割にし、丸め直す。

2 とじ目を下にして台に並べ、濡れ布巾をかけて**約10分**生地を休ませる。

成形

3 布巾をはずし、生地をやさしくおさえたら、めん棒で直径10cmの円にのばす。

Point

セルクルの直径よりやや大きめに生地をのばしておくことで、このあとセルクル型にきれいに入れやすくなります。

4 クッキングシートを敷いた天板にセルクル型を置き、生地を入れ込む。セルクルの側面にそわせながら少し生地を広げ、真ん中をしっかりへこませたらフォークで底を数か所さす（ピケ）。（*a*, *b*）

Point

フォークで生地の底をさしておくと、焼いたときに生地がふくらまず、フィリングがあふれづらく。

フィリングを入れる

5 **[グラタンパン]** グラタンフィリングを4のくぼみに詰める。（*c*）

[クリームチーズパン] クリームチーズフィリングを4のくぼみに入れ、オレンジスライスを1枚ずつのせる。（*d*）

Point

フィリングは生地にのせるとき、熱すぎても冷たすぎてもNG。生地と同じくらいの温度になるように準備しておきましょう。

焼く　15分

6 **220℃**に予熱したオーブンで**約15分**焼く。

グラタンフィリングの作り方

1 フライパンにバターを熱し、中火で**A**を炒める。火が通ってきたら薄力粉を加えて全体を混ぜる。

2 粉けがなくなったら、牛乳、塩、こしょうを加えて全体をよく混ぜる。とろみがつくまで加熱したら、火から下ろし、さましておく。

クリームチーズフィリングの作り方

1 ボウルにクリームチーズ、砂糖を入れて混ぜる。溶き卵（2、3回に分け入れる）、生クリーム、薄力粉（ふるい入れる）、レモン汁を順に入れ、そのつど全体がなじむまでよく混ぜる。

a

b

c

d

Memo

型は代用OK！

高さが2cm以上あるものなら、牛乳パックのセルクル型（P.15）や市販のマフィンカップなどでも代用できます。

ミルクハースとチョコハース（難易度★☆☆）

生地を2等分にして2種類のハースが作れます。
大型パンなので、二次発酵も1.5倍以上になるまでしっかりと。

TOTAL 約2.5時間
作業時間 約35分

生地

食パン生地を「生地を置く」完了まで作る。
（P.18／作り方1〜5）

〔材料〕各1個分

【具・混ぜ込み（チョコハース用）】
純ココアパウダー
…大さじ2（15g）
お湯…約小さじ2
チョコチップ…30g

強力粉（飾り用）…適量
打ち粉（必要に応じて）…適量

〔準備〕

・ココアパウダーとお湯を混ぜ合わせる。

〔作り方〕

分割

1 台に生地を出して、スケッパーとスケールを使って、均等に2分割する。

たたく・混ぜ込み

2 ［プレーン生地］たたきながら返し混ぜる（P.20／作り方6を参考に）。

［ココア生地］お湯で溶いたココアパウダーを加える。全体の色が均一になるまでたたきながら返し混ぜる。

3 それぞれの生地をひとまとめにして丸め、とじ目を下にしてボウルに入れる。

Point

塩バターナッツチーズパンとチョコナッツパン（P.55/写真*a*）のように、生地と生地の間にクッキングシートを挟めば、ひとつのボウルに両方の生地を入れられます。

一次発酵　40分

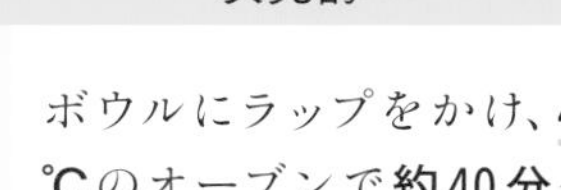

4 ボウルにラップをかけ、40℃のオーブンで**約40分**発酵させる。生地の大きさが2倍くらいにふくらんだら、一次発酵完了。

ベンチタイム　10分

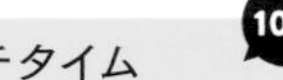

5 台にそれぞれの生地を出して丸め直す。

6 とじ目を下にして台に置き、濡れ布巾をかけて**約10分**生地を休ませる。

成形

7 布巾をはずし、生地をやさしくおさえたら、めん棒でそれぞれの生地を12cm×27cmの長方形にのばす。

8 ココア生地にチョコチップの2/3量をまんべんなく散らし（*a*）、左右を中央に折りたたむ。

9 その上に残りの1/3量のチョコチップを散らし、手前から巻く。（*b*）

Point

スケッパーで生地を手前から持ち上げながら巻くと扱いやすいです。

10 巻き終わったらとじ目を下にして、左右もしっかりとつまんでとじる。（*c*）

11 プレーン生地もチョコチップを散らす以外はココア生地と同様に折って巻き、とじる。

二次発酵　25分

12 クッキングシートを敷いた天板に成形した生地を並べてふんわりとラップをかけ、40℃のオーブンで**約25分**発酵させる。1.5倍以上にふくらんだら二次発酵完了。

焼く　20分

13 茶こしなどで強力粉（飾り用）を全体に振り、カミソリで縦に5本、切り込み（クープ）を入れ、**190℃**に予熱したオーブンで**約20分**焼く。（*d*）

Point

切り込み（クープ）は深さ2mmをめやすに思いきりよく！

Memo

抹茶&ホワイトチョコレートで

混ぜ込みに抹茶パウダーを使えば緑色が鮮やかでかわいらしい抹茶ハースに。【具・混ぜ込み】抹茶パウダー … 6g／お湯 … 約小さじ2／ホワイトチョコレート … お好みの分量　※焼き時間や混ぜ込み、成形の方法はチョコハースと同じです。

二次発酵・焼く前

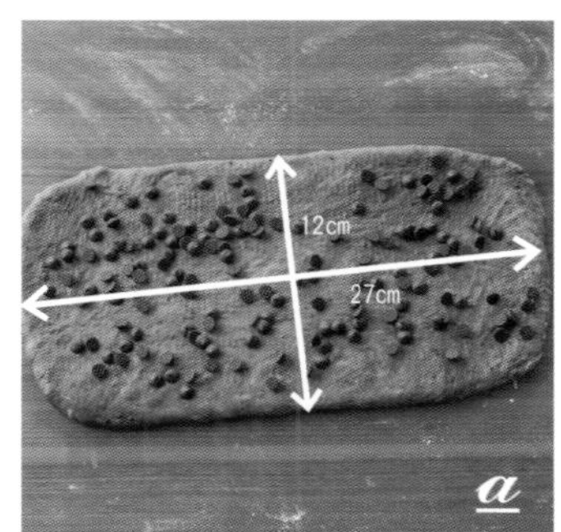

a

b

c

d

パン作りで知っておいてほしいこと<その2>

イーストを開封したら

イーストは開封したばかりのものと、開封してしばらく経ったものでは発酵具合が変わります。食パンなどの大きなパンを焼くときはなるべく新しいイーストを使うとふくらみがよく、作業もよりスムーズです。高さを出さなくてもよい小さめのパンは、開封してから少し時間が経ったものでも十分！ 開封したイーストは冷凍庫に入れて保管し、なるべく早く使い切るようにしましょう。

焼き時間について

パンは焼き時間が長くなるほど乾燥し、かたくなります。おいしいパンを作るための焼き時間のめやすとして、くるみパンなどの小さめのパンは15分以内、カンパーニュや食パンなどの大きめのパンは25分以内と頭に入れておきましょう。もし焼き色がつかなかった場合などは、次回焼く際に温度を10℃上げて様子を見て。オーブンや環境などの違いで微調整が必要なときは「時間ではなく温度」で調整するのがおすすめです。

おいしい生地の仕組み

パン作りは発酵やベンチタイムのように置いたり休ませたりして生地が「ゆるむ」工程と、混ぜたりたたいたりなど刺激を与えることで生地が「しまる」工程に分かれます。パンはこの「ゆるむ」、「しまる」作業を交互に繰り返すことでどんどん大きく、おいしくなっていくのです。

ゆるむ・しまるを繰り返して
おいしいパンになる！

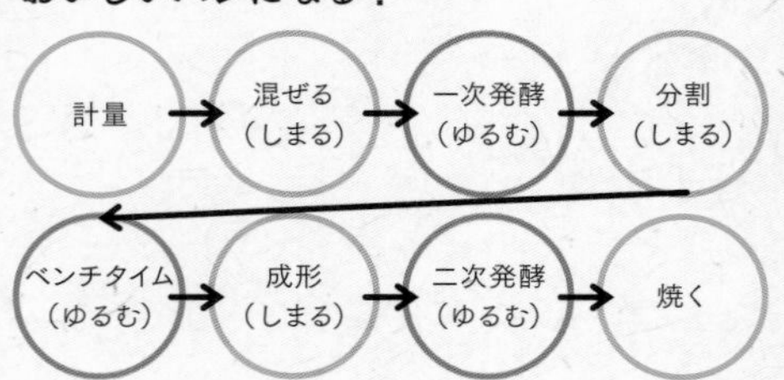

失敗パンの食べ方

もしも失敗してしまったときや作ったパンを食べきれないときは悩みますね。「せっかく作ったのに捨ててしまうのはもったいない…」。そんなときはラスクやフレンチトーストにアレンジするのがおすすめです。

Part 2

作ってみたら意外に簡単！シンプルでおいしいハード系生地のパン

カンパーニュやエピなどちょっと難しそうなイメージのパンも
しっかり混ぜて発酵時間を置きさえすれば、おうちでも簡単に
作ることができちゃいます。
材料や作り方がシンプルで一番簡単な生地かも？！

小さめサイズがかわいらしいフランスパン。実はシンプルな作り方で、簡単に作れます。具材を挟んで、サンドイッチにして食べるのもおすすめです。

BASIC ミニソフトフランス（難易度★☆☆）

ハード系生地の基本の作り方で、ミニソフトフランスを作ります。
乾燥に注意しながら進めてください。

〔材料〕3本分

強力粉 … 200g
薄力粉 … 50g
モルトパウダー … 小さじ1/2（1.5g）
（または砂糖小さじ1）
塩 … 小さじ1（6g）

ぬるま湯 … 160g
ドライイースト … 小さじ1（3g）

強力粉（飾り用）… 適量
打ち粉（必要に応じて）… 適量

Point

ハード系のパンは「モルトパウダー」を入れると本格的ですが、なければ砂糖に置き替えてもOK！　手軽さを求めるなら砂糖、本格を求めるならモルトパウダーとしてみてくださいね。

TOTAL 約2時間
作業時間 約30分

〔作り方〕

混ぜる

1　カップなどにぬるま湯、イーストを入れてよく混ぜ溶かす。そのまましばらく置き、しっかりなじませる（**約3分**）。

Point

ぬるま湯は、夏は30℃、冬は40℃くらいをめやすに調整しましょう。イーストをしっかり溶かして、このあとの工程でイーストが働きやすい温度（約30℃）に生地の温度を保つことが大切です。溶けにくい場合は、少し置いてから混ぜると溶けやすくなります。

2　**1**を置いている間に、ボウルに強力粉、薄力粉、モルトパウダー（または砂糖）、塩を入れてぐるぐると全体をよく混ぜる。

3　**2**のボウルに**1**を入れて、よく混ぜる（**約2分**）。

Point

水分が足りないと感じたら、水を少しだけ（最大10g）加えましょう。詳しくは「水分について」（P.73）を参考に！

（混ぜ終わり）

生地を置く

4　生地をひとまとめにしてラップをかけ、**室温**で**約20分**置く。

たたく

5　生地が手につかないように軽く水をつけ、生地の端を持っ

Point

生地を置く、たたく、この2つの工程が普通のパンの「こねる」工程の代わりになります。ボウルの中でできるので広いこね台がなくてもOK。

一次発酵

（一次発酵前）

7　ボウルにラップをかけ、**40℃**のオーブンに入れて**約40分**発酵させる。

（一次発酵後）

8　2倍くらいの大きさにふくらんだら一次発酵完了。

分割・ベンチタイム

9　台に打ち粉をして生地を出し、スケッパーを使って3分割にする。

Point

一次発酵がパン作りで実は一番大切。必ず**2倍まで**ふくらませるようにしましょう。ふくらみが足りないと感じるときは、約5分ずつ発酵時間を追加して様子を見ます。

てやさしくたたいて表面を張らせるようにしながら返す。15～20回で生地の表面がきれいになるように返していく。

6 生地の表面がつるっときれいになってきたら、ひとまとめにして丸める。生地のとじ目は下にしてボウルに入れる。

Point

もし、生地がどうしても手につくようであれば軽く打ち粉をして作業をしましょう。

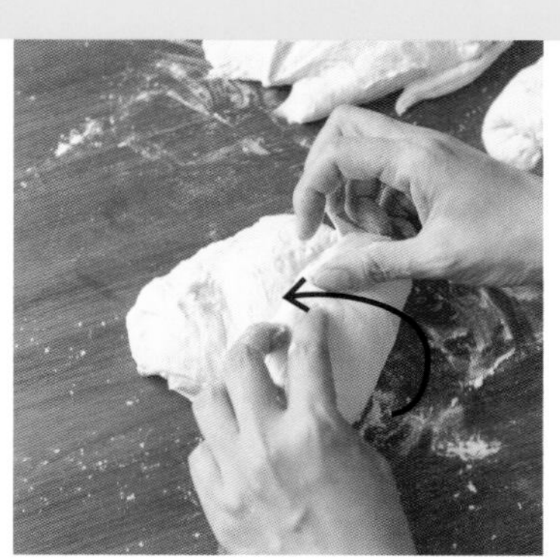
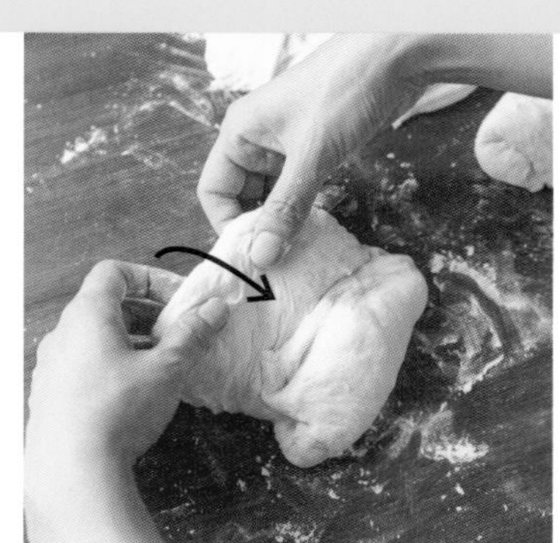

10 手にも打ち粉をし、分割した生地をそれぞれやさしくポンポンとおさえて上下をゆるく折りたたみ、ドック形にする。

Point

打ち粉の量は最小限に。生地が台や手につかなければ必要以上に打ち粉をしなくても大丈夫です。表面をきれいにすることはここでは意識しなくてOK。できるだけさわらないことが大切です。

分割・ベンチタイム（つづき）

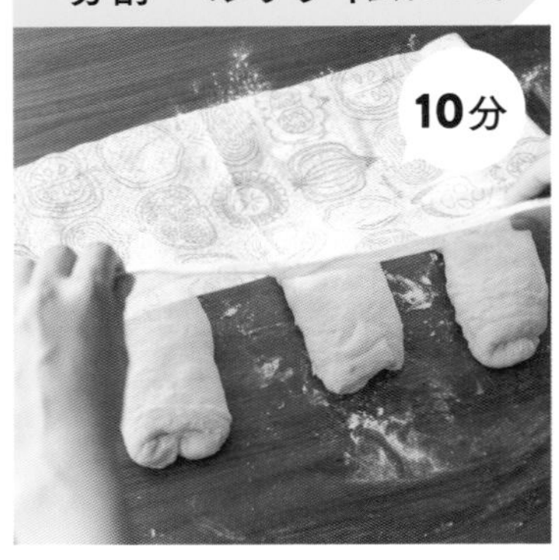

11 とじ目を下にして台に並べ、乾いた布巾をかけて**約10分**そのまま置く。

Point

ベンチタイムは生地を熟成させておいしくすることと、このあとの工程で成形をしやすくする2つの役割があります。

成形

12 かぶせていた布巾をはずし、生地をやさしくポンポンとおさえる。

Point

ハード系生地のパンはとくにガスを抜きすぎないようにします。ガスを抜きすぎると焼き上がったときにできる気泡が細かくなりすぎてしまいます。

13 生地を裏返して、生地の上下を真ん中に向かってたたむ。

切り込み（クープ）を入れる

17 茶こしなどで強力粉（飾り用）を全体に振り、カミソリで斜めに3、4本、切り込み（クープ）を入れる。

Point

切り込み（クープ）は深さ2㎜をめやすに思いきりよく入れましょう。切り込み（クープ）には飾りだけでなく、パンのふくらみをよくしたり火の通りをよくしたりする役割があります。

焼く

250℃／14分

18 **250℃**に予熱したオーブンで**約14分**焼く。焼き上がったら、すぐに天板からはずし、ケーキクーラーの上などに出す。

Point

クープを入れたらすぐにオーブンに入れましょう。それだけでクープがきれいに開いてくれます。高温でパリッと焼き上げましょう。

二次発酵

14 表面を張らせるようにしながら、とじ目をしっかりととじる。

（二次発酵前）

15 天板にクッキングシートを敷き、とじ目を下にして移し並べて乾いた布巾をかけ、**40℃**のオーブンで**約20分**発酵させる。

Point

ハード系生地では、乾いた布巾をかけます。

（二次発酵後）

16 ひとまわり大きくふくらんだら二次発酵完了。

Memo

アレンジしてもっとおいしい！

完成したミニソフトフランスは、シンプルだからこそ自由自在にアレンジができます。おすすめなのはサンドイッチやミルククリームを入れたミルクフランス。切り開いてお好みの具材を挟んだり、クリームを挟むだけでおいしさの幅が広がります。

ARRANGE

玉ねぎリュスティック（難易度★☆☆）

切りっぱなしでできるので型いらず！ちょっと無骨な仕上がりがかわいくって、何度も作りたくなります。お好みで玉ねぎやチーズは入れずに作ったり、別のトッピングを入れたりして楽しめますよ。

TOTAL 約2時間

作業時間 約25分

生地

ハード系生地を「一次発酵」完了まで作る。
(P.40／作り方1〜8)

〔材料〕6個分

【具】
玉ねぎ(1cm角)… 150g
チェダーチーズ(1cm角)… 60g

強力粉(飾り用)… 適量
打ち粉(必要に応じて)…適量

〔準備〕

・玉ねぎはキッチンペーパーで**しっかり**水けを取る。

〔作り方〕

ベンチタイム 10分

1 台に生地を出し、丸め直す。
2 とじ目を下にして台に置き、乾いた布巾をかけて**約10分**生地を休ませる。

成形

3 布巾をはずし、生地をやさしくおさえたら、めん棒で20cm×30cmの長方形にのばして真ん中に玉ねぎとチーズの2/3量をのせ、左右を中央に折りたたむ。(a)
4 真ん中に残りの1/3量の玉ねぎとチーズをのせて包むように上下を中央に折りたたみ、とじ目をとじる。(b)

Point
お好みで黒こしょうを振ってもおいしいです。

5 18cm角の正方形に生地を整え、スケッパーで6分割する。(c)

二次発酵

6 天板にクッキングシートを敷いて生地を移し並べ、乾いた布巾をかけて**40℃**のオーブンで**約20分**発酵させる。ひとまわり大きくふくらんだら二次発酵完了。

焼く

7 茶こしなどで強力粉(飾り用)を全体に振り、カミソリで深さ3mmくらいの切り込み(クープ)を入れる。
8 **230℃**に予熱したオーブンで**約14分**焼く。

二次発酵後

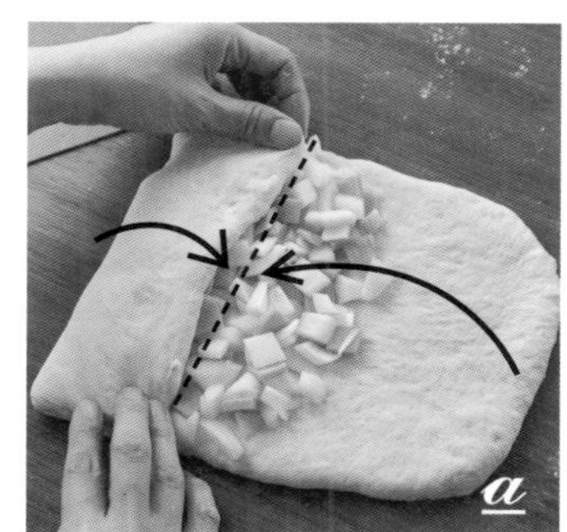

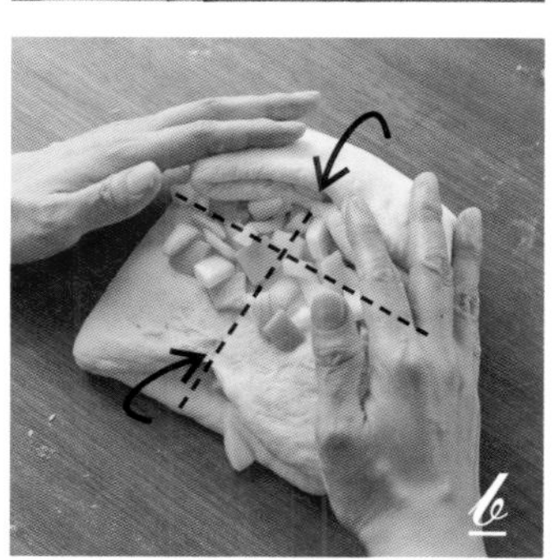

ARRANGE どんぶりカンパーニュ（難易度 ★☆☆）

生地

ハード系生地を「生地を置く」完了まで作る。
（P.40／作り方**1**～**4**）

〔材料〕1個分 直径17cm×深さ8cm どんぶり

【具・混ぜ込み】

お好みのドライフルーツ…90g
（本書ではレーズン、クランベリー、オレンジ各30gを使っています）

ライ麦粉（飾り用）… 適量
打ち粉（必要に応じて）…適量

〔準備〕

- ドライフルーツは大きい場合は細かく刻み、ぬるま湯で洗い、キッチンペーパーで**しっかり**水けを取る。（***a***）

Point

パン作りでドライフルーツを混ぜ込むときは、市販のドライフルーツについている砂糖やコーティングを取るために、ぬるま湯で洗って水けをしっかりと取りましょう。

どんぶりを使えば専用の型がなくても本格的なカンパーニュが作れます。お好みのドライフルーツを使ってどーんと大きなパンを召し上がれ。

TOTAL 約**2.5**時間

作業時間 約**20**分

〔作り方〕

たたく・混ぜ込み

1 ドライフルーツを2、3回に分けて加える。生地全体にいきわたるように、そのつどたたきながら返し混ぜる。

2 生地をひとまとめにして丸め、とじ目を下にしてボウルに入れる。

一次発酵

40分

3 ボウルにラップをかけ、**40℃**のオーブンで**約40分**発酵させる。生地の大きさが2倍くらいにふくらんだら、一次発酵完了。

ベンチタイム

4 台に生地を出して表面を強く張らせるように丸め直す。

5 とじ目を下にして台に置き、乾いた布巾をかけて**約10分**生地を休ませる。

成形

6 布巾をはずし、生地を裏返してやさしくおさえたら、両手の大きさくらいの円に広げ、生地のフチを5か所持ち、中央に寄せてギュッと強く丸める。

7 どんぶりに乾いた布巾を敷いて、中にライ麦粉を振り、とじ目を上にして生地を入れる。(*b*)

Point

どんぶりは直径17cm以上のものを。普通、カンパーニュを作るときは「コルプ型」という専用型を使いますが、どんぶりでも十分おいしいカンパーニュが作れます。

二次発酵

8 7をどんぶりに入れたまま乾いた布巾をかけて**40℃**のオーブンに入れ、**約30分**発酵させる。1.5倍くらいにふくらんだら二次発酵完了。

焼く

9 クッキングシートを敷いた天板に、8をひっくり返して取り出す。(*c*) カミソリで真ん中に十字の切り込み(クープ)を入れる。

10 **250℃**に予熱したオーブンで**約5分**焼いたら**220℃**に下げて**約20分**焼く。

二次発酵後

a

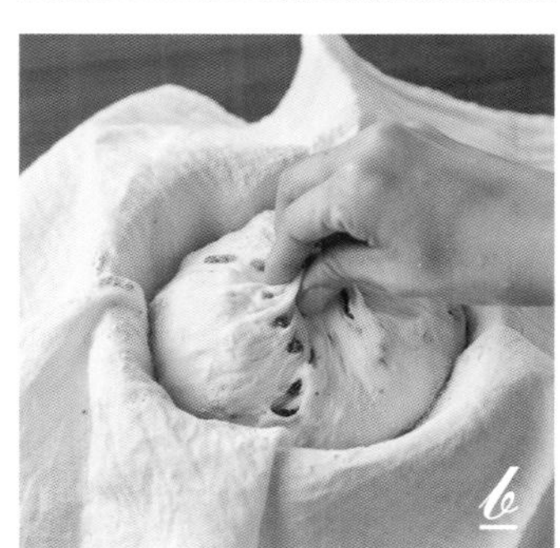

b

c

生地

ハード系生地を「生地を置く」完了まで作る。(P.40／作り方1〜4)

〔材料〕3本分

【具・混ぜ込み】

ウインナー（縦半分に切る）… 6本
黒こしょう … 小さじ1と1/3

強力粉（飾り用）… 適量
打ち粉（必要に応じて）… 適量

〔作り方〕

たたく・混ぜ込み

1 黒こしょうを2、3回に分けて加える。生地全体にいきわたるように、そのつどたたきながら返し混ぜる。

2 生地をひとまとめにして丸め、とじ目を下にしてボウルに入れる。

一次発酵 40分

3 ボウルにラップをかけ、40℃のオーブンで約40分発酵させる。生地の大きさが2倍くらいにふくらんだら、一次発酵完了。

分割・ベンチタイム 10分

4 台に生地を出してスケッパーで3分割にし、丸め直す。

5 とじ目を下にして台に並べ、乾いた布巾をかけて約10分生地を休ませる。

成形

6 布巾をはずし、生地をやさしくおさえたら、めん棒で12cm×28cmの長方形にのばす。

7 手前を2cm折り（a ①）、ウインナーの切り口を上にして真ん中に一列に並べ（a ②）、奥も2cm折る（a ③）。生地の手前と奥を持ち上げてとじる（b）。左右の端もとじる。

二次発酵 20分

8 天板にクッキングシートを敷き、とじ目を下にして並べて乾いた布巾をかけ、40℃のオーブンで約20分発酵させる。ひとまわり大きくふくらんだら二次発酵完了。

焼く 12分

9 茶こしなどで、強力粉（飾り用）を全体に振りかけ、カミソリで斜めに3本切り込み（クープ）を入れる。（c）

10 230℃に予熱したオーブンで約12分焼く。

二次発酵後

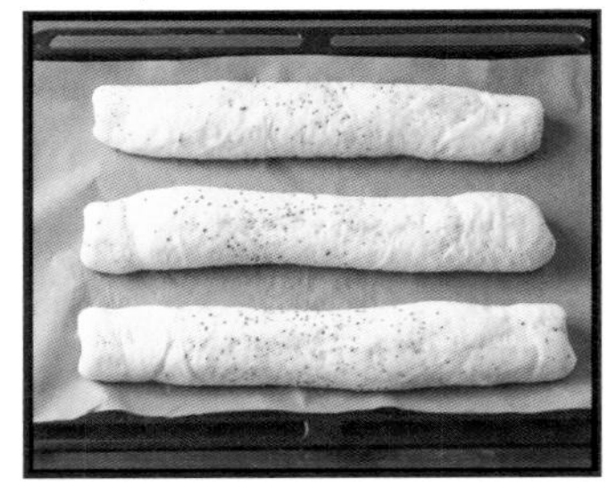

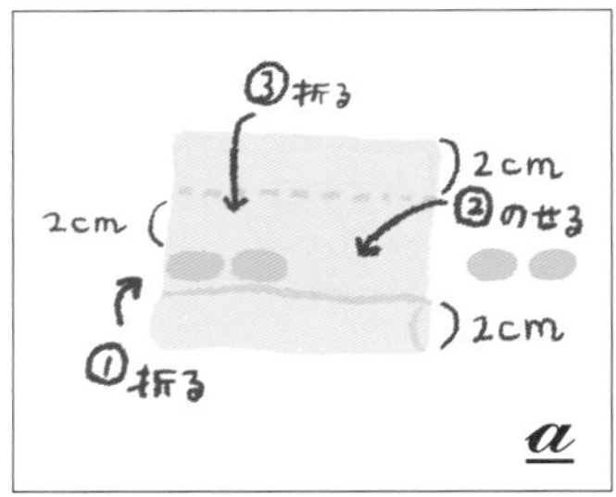

a

b

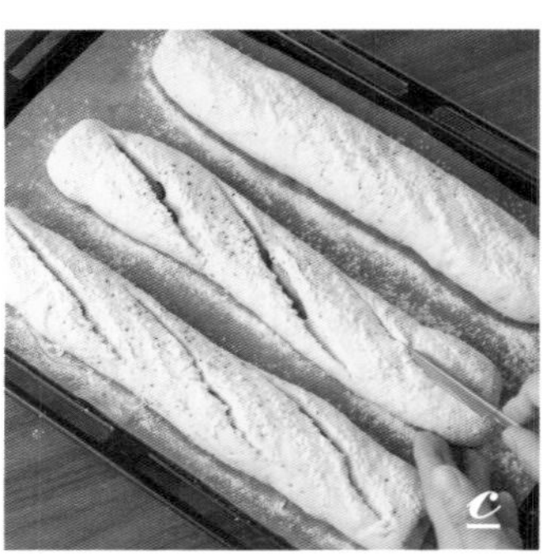
c

ARRANGE

ペッパーロング ウインナー（難易度 ★★☆）

黒こしょうがきいた大人のおつまみパン。ウインナーともよく合います。切り込み（クープ）は、少しウインナーが見えるまで入れると、焼き上がりも素敵です。

TOTAL 約2.5時間

作業時間 約35分

ARRANGE

3種のエピ〈ベーコン・チーズ・バジルバター〉（難易度 ★★☆）

TOTAL 約2.5時間

作業時間 約40分

エピとは「麦の穂」のこと。トッピング次第でいろいろなエピを作ることができます。お好みの具でアレンジしてみて。

生地

ハード系生地を「一次発酵」完了まで作る。(P.40／作り方1〜8)

〔材料〕各1本分

【具】
ロングベーコン…3枚

【トッピング（チーズ）】
ピザ用チーズ…適量
黒こしょう（お好みで）…適量

【トッピング（バジルバター）】
バター（無塩）…8g
パセリ（乾燥）…適量
バジル（乾燥）…適量

強力粉（飾り用）…適量
打ち粉（必要に応じて）…適量

〔準備〕
・バジルバターのトッピング用バターは常温に戻し、パセリとバジルを混ぜて冷蔵庫に入れて冷やす。

〔作り方〕

分割・ベンチタイム

1 台に生地を出してスケッパーで3分割にし、丸め直す。

2 とじ目を下にして台に並べ、乾いた布巾をかけて**約10分**生地を休ませる。

成形

3 布巾をはずし、生地をやさしくおさえたら、めん棒で10cm×24cmの長方形にのばす。

Point
打ち粉をして、できるだけやさしくのばしていきましょう。

4 生地の手前半分にベーコンをのせ、細めに巻き上げる。巻き終わりはしっかりとじる。（*a*）

二次発酵

5 天板にクッキングシートを敷き、とじ目を下にして並べて乾いた布巾をかけ、**40℃**のオーブンで**約20分**発酵させる。ひとまわり大きくふくらんだら二次発酵完了。

トッピング

6 茶こしなどで強力粉（飾り用）を全体に振り、斜め45度にハサミを傾けて9か所ほど深めに切り込みを入れ、左右交互に生地をずらしていく。（*b*）

7 チーズエピとバジルバターエピ、それぞれにトッピングをのせる。（*c*）
[チーズ] チーズと黒こしょうをベーコンの上にのせる。
[バジルバター] 準備しておいたバジルバターをベーコンの上にのせる。

焼く

8 **230℃**に予熱したオーブンで**約12分**焼く。

二次発酵後

a

b

c

塩バターナッツチーズパンとチョコナッツパン（難易度 ★☆☆）

混ぜる具を変えて、２種の生地を作ります。成形はそれぞれ４分割にするだけの切りっぱなしなので簡単です。

生地

ハード系生地を「生地を置く」完了まで作る。
（P.40／作り方1〜4）

〔材料〕各4個分

【塩バターナッツチーズ】

ナッツ（素焼き・細かく刻む）… 25g
ピザ用チーズ … 25g

バター（トッピング用・無塩）… 5g
塩（トッピング用）… 適量

【チョコナッツ】

チョコチップ … 25g
ナッツ（素焼き・細かく刻む）… 25g

強力粉（飾り用）… 適量
打ち粉（必要に応じて）… 適量

〔準備〕

- 塩バターナッツチーズのトッピング用バターは細かく切る。

〔作り方〕

分割

1 スケールを使って、生地を均等に2分割する。

たたく・混ぜ込み

2 それぞれの生地に具材（ナッツとピザ用チーズ、チョコチップとナッツ）を2、3回に分けて加える。生地全体にいきわたるように、そのつどたたきながら返し混ぜる。

3 それぞれの生地をひとまとめにして丸め、とじ目を下にしてボウルに入れる。

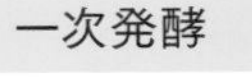

クッキングシートで仕切れば、ひとつのボウルに2種の生地を入れて発酵できます。（a）

一次発酵 40分

4 ボウルにラップをかけ、**40℃**のオーブンで**約40分**発酵させる。生地の大きさが2倍くらいにふくらんだら、一次発酵完了。

ベンチタイム 10分

5 台にそれぞれの生地を出し、丸め直す。

6 とじ目を下にして台に置き、乾いた布巾をかけて**約10分**生地を休ませる。

成形

7 布巾をはずし、生地をやさしくおさえたら、めん棒でそれぞれの生地を直径15cmの円にのばし、スケッパーで4分割する。（b）

二次発酵 20分

8 クッキングシートを敷いた天板に成形した生地を並べて乾いた布巾をかけ、**40℃**のオーブンで**約20分**発酵させる。ひとまわり大きくふくらんだら二次発酵完了。

トッピング

9 茶こしなどで強力粉（飾り用）を全体に振り、カミソリで1本ずつ切り込み（クープ）を入れる。

10 塩バターナッツチーズ生地はクープの上にトッピング用のバターを散らし、塩を振る。

焼く 12分

11 **220℃**に予熱したオーブンで**約12分**焼く。

二次発酵後

a

b

Memo

ナッツの素焼き方法

生のナッツの場合は、**170℃**予熱なしのオーブンで**約10分**素焼きをしてから使いましょう。

ごまさつまいもパン（難易度 ★★☆）

TOTAL 約2.5時間

作業時間 約30分

ごまのプチプチが特徴の生地にほっくりしたさつまいもとこんがりチーズがたまらない一品たち。混ぜ込むごまを白ごまにするとまた違った味わいが楽しめますよ。

TOTAL
約**2**時間

作業時間
約**25**分

ARRANGE

ごまチーズパン（難易度 ★☆☆）

生地

ハード系生地を「生地を置く」完了まで作る。
(P.40／作り方1〜4)

〔材料〕6個分

【具・混ぜ込み】
黒炒りごま … 大さじ6
さつまいも（1cm角）… 200g
砂糖 … 100g
水 … 50g

強力粉（飾り用）… 適量
打ち粉（必要に応じて）…適量

〔準備〕

・1cm角に切って水にさらしたさつまいもと砂糖、水を耐熱ボウルに入れ、電子レンジ（600W）で約5分加熱する。粗熱が取れたら、キッチンペーパーで**しっかり**水けを取る。

〔作り方〕

たたく・混ぜ込み

1 黒ごまを2、3回に分けて加える。生地全体にいきわたるように、そのつどたたきながら返し混ぜる。（*a*）

2 生地をひとまとめにして丸め、とじ目を下にしてボウルに入れる。

一次発酵

3 ボウルにラップをかけ、**40℃**のオーブンで**約40分**発酵させる。生地の大きさが2倍くらいにふくらんだら、一次発酵完了。

分割・ベンチタイム

4 台に生地を出し、スケッパーで6分割にし、丸め直す。

5 とじ目を下にして台に並べ、乾いた布巾をかけて**約10分**生地を休ませる。

成形

6 布巾をはずし、生地をやさしくおさえたら、めん棒で15cm×10cmの楕円にのばす。上を少しあけて準備したさつまいもをのせ、手前から巻いてドック形にし、巻き終わりをしっかりととじる。（*b*, *c*）

二次発酵

7 天板にクッキングシートを敷き、とじ目を下にして生地を並べる。乾いた布巾をかけ、**40℃**のオーブンで**約20分**発酵させる。ひとまわり大きくふくらんだら二次発酵完了。

焼く

8 茶こしなどで強力粉（飾り用）を全体に振り、カミソリで斜めに4本の切り込み（クープ）を入れ、**210℃**に予熱したオーブンで**約15分**焼く。

二次発酵後

a

b

c

生地

ハード系生地を「生地を置く」完了まで作る。
(P.40／作り方**1**～**4**)

〔材料〕6個分

【具・混ぜ込み】
黒炒りごま … 大さじ6

ピザ用チーズ … 適量
打ち粉(必要に応じて)… 適量

〔作り方〕

たたく・混ぜ込み

1 黒ごまを2、3回に分けて加える。生地全体にいきわたるように、そのつどたたきながら返し混ぜる。

2 生地をひとまとめにして丸め、とじ目を下にしてボウルに入れる。

一次発酵 40分

3 ボウルにラップをかけ、40℃のオーブンで約40分発酵させる。生地の大きさが2倍くらいにふくらんだら、一次発酵完了。

分割・ベンチタイム 10分

4 台に生地を出し、スケッパーで6分割にし、丸め直す。

5 とじ目を下にして台に並べ、乾いた布巾をかけて約10分生地を休ませる。

成形

6 布巾をはずし、生地をやさしくおさえたら、表面を張らせるようにして丸め直す。

二次発酵 20分

7 天板にクッキングシートを敷き、とじ目を下にして生地を並べる。乾いた布巾をかけ、40℃のオーブンで約20分発酵させる。ひとまわり大きくふくらんだら二次発酵完了。

焼く 12分

8 真ん中にチーズをのせて210℃に予熱したオーブンで約12分焼く。

Memo

こしょうとチーズも合う!

混ぜ込みの黒ごまを粗びき黒こしょう(小さじ1)にすると、お酒にも合うおつまみパンに大変身。

1回でフォカッチャ3枚分の生地ができます。トッピングでお好みのアレンジを楽しめます。

TOTAL 約2時間

作業時間 約30分

ARRANGE 3種のフォカッチャ

〈プレーン・じゃがいも・オリーブ〉（難易度 ★☆☆）

生地

ハード系生地を「一次発酵」完了まで作る。
（P.40／作り方**1**～**8**）

〔材料〕3枚分

【トッピング】
じゃがいも … 約1個
オリーブ（薄い輪切り）… 適量
ローズマリー … 適量（あれば）
オリーブオイル … 適量
塩・こしょう … 各少々

打ち粉（必要に応じて）…適量

〔準備〕

・じゃがいもは薄くスライスして水にさらし、電子レンジ（600W）で約2分加熱してさます。

〔作り方〕

分割・ベンチタイム 10分

1 台に生地を出し、スケッパーで3分割にし、丸め直す。

2 とじ目を下にして台に並べ、乾いた布巾をかけて約10分生地を休ませる。

成形

3 布巾をはずし、生地をやさしくおさえたら、めん棒で直径12cmの円にのばす。

二次発酵 20分

4 クッキングシートを敷いた天板に成形した生地を並べて、乾いた布巾をかけ、40℃のオーブンで約20分発酵させる。ひとまわり大きくふくらんだら二次発酵完了。

トッピング

5 **[プレーン]** 生地の表面全体にオリーブオイルを塗り、指で生地をくぼませたら塩、こしょうを振る。
[オリーブ] 生地の表面全体にオリーブオイルを塗り、指で生地をくぼませて、くぼみにオリーブをのせる。塩、こしょうを振り、ローズマリーをのせる。
[じゃがいも] じゃがいもをのせ、オリーブオイルを全体にかける。塩、こしょうを振って、じゃがいもが浮かないように上から少しおさえる。

Point

プレーンとオリーブの生地は15~20か所のくぼみを作ります。オリーブオイルを塗って、指が生地にくっつかないようにしたら、指が天板につくくらい、しっかり生地をくぼませましょう。

二次発酵・焼く前

焼く 12分

6 200℃に予熱したオーブンで約12分焼く。

Memo

旬の食材アレンジ

フォカッチャはお好みの具材でアレンジしてもおいしくできます。ミニトマトやベーコン、ソーセージ、かぼちゃ、パプリカ、きのこなども合いますよ。季節で具材をアレンジしてもいいですね。

ARRANGE バナナチョコボート（難易度★☆☆）

生地

ハード系生地を「一次発酵」完了まで作る。（P.40／作り方1～8）

〔材料〕6個分

バナナ…3本
板チョコレート（ブラック）…2枚（約100g）

打ち粉（必要に応じて）…適量

〔一次発酵中に準備〕

- バナナは縦半分に切る。

Memo

バナナの選び方

バナナは皮にシュガースポットと呼ばれる黒い斑点があるものを選ぶといいです。甘みがあり、おいしくできます。

〔作り方〕

分割・ベンチタイム（10分）

1 台に生地を出して、スケッパーで6分割にし、丸め直す。

2 とじ目を下にして台に並べ、乾いた布巾をかけて**約10分**生地を休ませる。

成形

3 布巾をはずし、めん棒で10cm×20cmの楕円にのばす。

4 真ん中にバナナと割ったチョコレート5つを並べたらフチを持ち上げながら中央に寄せて船の形に整え、左右をつまんでとじる。（*a*）

二次発酵（20分）

5 クッキングシートを敷いた天板に成形した生地を移し並べて乾いた布巾をかけ、**40℃**のオーブンで**約20分**発酵させる。ひとまわり大きくふくらんだら二次発酵完了。

焼く（12分）

6 **200℃**に予熱したオーブンで**約12分**焼く。

二次発酵後

a

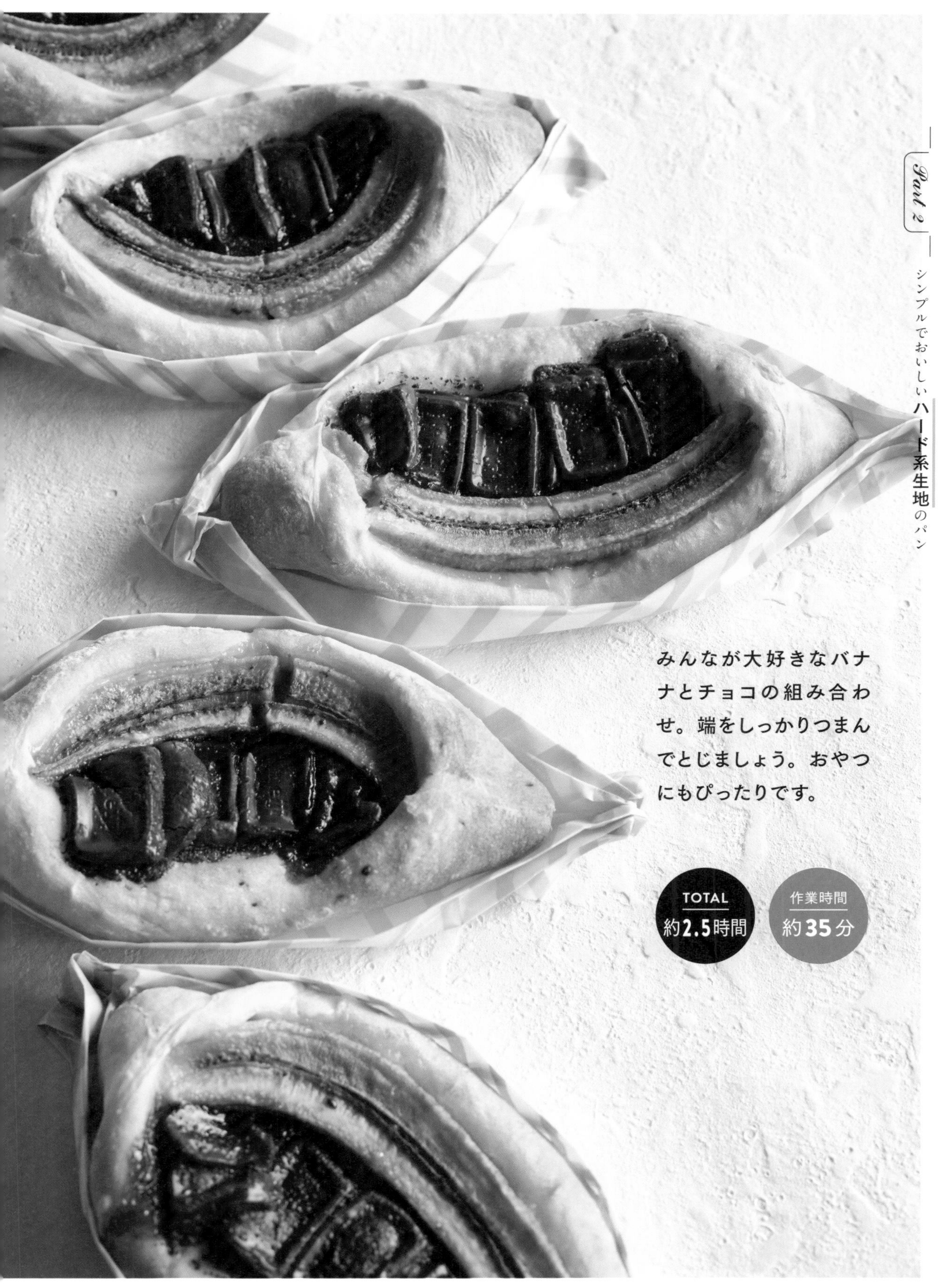

みんなが大好きなバナナとチョコの組み合わせ。端をしっかりつまんでとじましょう。おやつにもぴったりです。

TOTAL 約2.5時間

作業時間 約35分

TOTAL
約2.5時間
作業時間
約40分
生地に切れ目を入れて成形をするフランス発祥のパンです。成形は葉っぱの葉脈をイメージして。
ARRANGE

アンチョビオリーブとアーモンドキャラメルのフーガス（難易度★★★）

生地

ハード系生地を「一次発酵」完了まで作る。
（P.40／作り方1〜8）

〔材料〕各1枚分

【アンチョビオリーブ】

アンチョビフィレ（細かくちぎる）…5枚
オリーブ（薄い輪切り）…25g
オリーブオイル … 適量

【アーモンドキャラメル】

アーモンドスライス … 15g
キャラメル … 12粒
牛乳 … 大さじ1
塩 … ひとつまみ
バター … 5g

打ち粉（必要に応じて）… 適量

〔一次発酵中に準備〕

・キャラメルソースを作る。

〔作り方〕

分割・ベンチタイム

1 台に生地を出して、スケッパーで2分割にし、丸め直す。

2 とじ目を下にして台に並べ、乾いた布巾をかけて**約10分**生地を休ませる。

成形

3 布巾をはずし、めん棒で28cm×22cmの楕円にのばす。

4 それぞれの生地の左半分に具材をのせる。

[アンチョビオリーブ]

アンチョビ、オリーブを。

[アーモンドキャラメル]

アーモンドスライスを。

5 半分に折ってとじ（*a*）、めん棒で30cm×12cmの楕円にのばし、クッキングシートにのせる。

6 歪んでいたら形を整え、ピザカッターで切り込みを入れて葉っぱの形になるように手で切り込みを開く。（*b*, *c*）

Point

手に打ち粉をしておくと生地が手につかず開きやすいです。

二次発酵

7 乾いた布巾をかけ、**40℃**のオーブンで**約20分**発酵させる。ひとまわり大きくふくらんだら二次発酵完了。

焼く

8 アンチョビオリーブ生地にはオリーブオイル、アーモンドキャラメル生地にはキャラメルソースをハケなどで全体に塗る。

9 **230℃**に予熱したオーブンで**約13分**焼く。

Point

1枚で天板がいっぱいになってしまうので、天板2枚で同時に焼くか、順番に焼くかしないといけません。天板2枚で一度に焼き上げるときは、温度を10℃上げましょう。順番に焼くときは「一度で焼ききれないとき」（P.11）を参考に焼いてみてくださいね。

二次発酵後

キャラメルソースの作り方

耐熱ボウルにキャラメル、牛乳、塩を入れて電子レンジ（600W）で約30秒加熱する。いったん取り出して全体をなじませるように混ぜ、さらに約30秒加熱しバターを加えて混ぜる。全体がなじんだらさます（仕上げ時にキャラメルソースが固まっていたら、再度加熱してやわらかくすると塗りやすい）。

column

フライパンで作る！お好み焼きパン（難易度★☆☆）

シンプルな材料で作るハード系の生地はソースやマヨネーズとも相性抜群。ねぎを生地に混ぜ込んで「和」なパンを作ってみましょう。

生地

ハード系生地を「生地を置く」完了まで作る。（P.40／作り方1〜4）

〔材料〕1枚分　直径26cmフライパン

ねぎ…100g
ウインナー…5本

【トッピング（お好みで）】
ソース、ケチャップ、マヨネーズ、紅しょうが、かつお節、青のり…適量

打ち粉（必要に応じて）…適量

〔準備〕

- ねぎは細かめの小口切りにする。
- ウインナーは輪切りにする。

〔作り方〕

たたく・混ぜ込み

1　ねぎを2、3回に分けて加える。生地全体にいきわたるように、そのつどたたきながら返し混ぜる。

2　生地をひとまとめにして丸め、とじ目を下にしてボウルに入れる。

一次発酵　40分

3　ボウルにラップをかけ、40℃のオーブンで**約40分**発酵させる。生地の大きさが2倍くらいにふくらんだら、一次発酵完了。

ベンチタイム　10分

4　軽く生地をおさえたら、丸め直す。

5　とじ目を下にして台に置き、乾いた布巾をかけて**約10分**生地を休ませる。

成形

6　布巾をはずし、生地をやさしくおさえたら、めん棒でフライパンよりやや小さい円にのばす。

Point

直径26cmのフライパンの場合、直径22cmくらいの円にのばします。

二次発酵

7　フライパンにクッキングシートを敷き、生地を入れる。蓋をして中火で**約1分**フライパンを温める。火を止めてそのまま**約30分**置き、二次発酵させる。全体がふっくらしたら発酵完了。

焼く

8　ウインナーを全体にのせ、浮かないように少しおさえたら蓋をして弱火で片面**約15分**、裏返して**約10分**焼く。全体に軽く焼き色がついたら焼き上がり。

トッピング

9　皿に取り出し、お好みでトッピングをする。

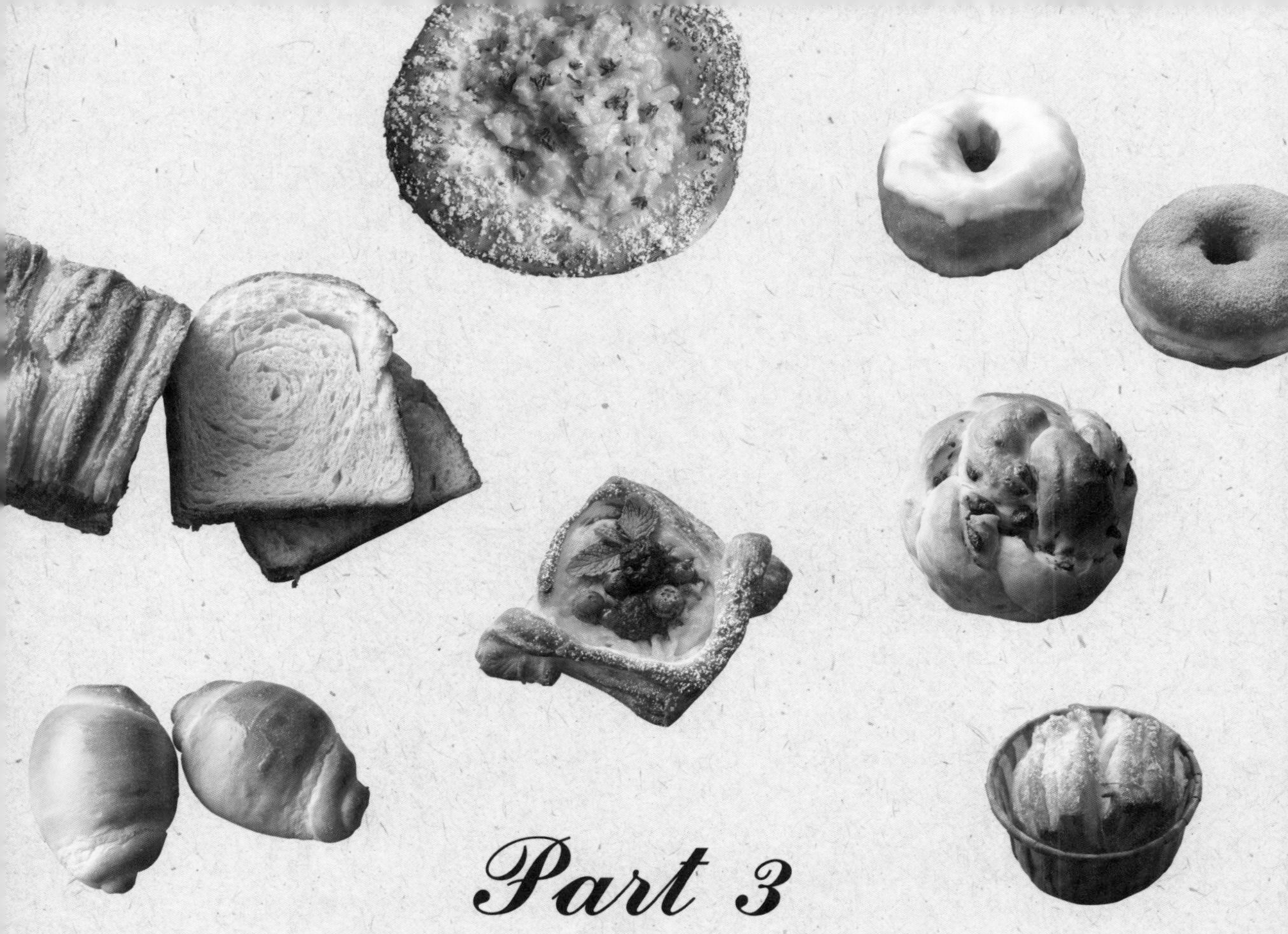

Part 3

バターがじゅわっとおいしい デニッシュ風生地で作る ごちそうパン

ぜいたくな気分が味わえるパンが勢ぞろい！
バターと卵を使った甘いデニッシュ風生地です。
シートバターを折り込むと、もっとリッチな味わいに。

シャリッとした食感と豊かなバターの香りが絶品です。二次発酵後、生地に穴を開けてからトッピングをします。

BASIC ブリオッシュシュクレ（難易度 ★☆☆）

デニッシュ風生地の基本の作り方で、ブリオッシュシュクレを作ります。
卵を水分として使うのがデニッシュ風生地の特徴です。

〔材料〕6枚分

【生地】

強力粉 … 100g
薄力粉 … 100g
塩 … 小さじ1/2（3g）

ぬるま湯 … 90g
ドライイースト … 小さじ1（3g）
砂糖 … 大さじ2（20g）

溶き卵 … 25g
溶かしバター（無塩）… 15g
打ち粉（必要に応じて）… 適量

【トッピング】

溶き卵 … 適量
バター（無塩）… 適量
グラニュー糖 … 適量
アーモンドスライス … 適量

TOTAL 約2時間
作業時間 約30分

〔作り方〕

混ぜる

1 カップなどにぬるま湯、イースト、砂糖を入れてよく混ぜ溶かす。そのまましばらく置き、しっかりなじませる（約3分）。

2 1を置いている間に、ボウルに強力粉、薄力粉、塩を入れてぐるぐると全体をよく混ぜる。

3 2のボウルに1を入れて全体をざっと混ぜる（約1分）。

Point

ぬるま湯の温度は、夏は30℃、冬は40℃をめやすに調整しましょう。イーストをしっかりと溶かすことと、このあとの工程でイーストが働きやすい温度（約30℃）にして保つことが大切です。溶けにくい場合は、少し置いてから混ぜると溶けやすくなります。

4 溶き卵を入れて混ぜ、粉けがなくなったら、溶かしバターを加えてよく混ぜる（約4分）。

5 バターが生地になじんだら混ぜ終わり。ざっくりひとまとめにする。

Point

溶かしバターは完全に溶け切っていなくても、混ぜやすいやわらかさになっていればOK。バターは電子レンジ（600W）で10秒ずつ様子を見ながら加熱するか、湯せんにかけて溶かしましょう。

Point

Part1、Part2の生地に比べると混ぜ終わりはやわらかめ。この時点では表面をきれいにしなくてもOKなのでなじんだらざっくりまとめましょう。

一次発酵

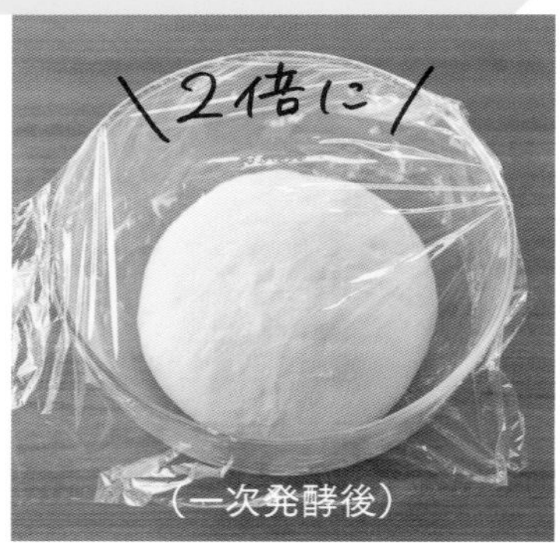

8 生地の表面がつるっときれいになってきたら、生地をひとまとめにして丸める。生地のとじ目は下にしてボウルに入れる。

9 ボウルにラップをかけ、40℃のオーブンに入れて約40分発酵させる。

10 2倍くらいの大きさにふくらんだら一次発酵完了。

Point

必ず2倍までふくらませるようにしましょう。ふくらみが足りないと感じるときは、様子を見ながら5分ずつ発酵時間を追加します。

生地を置く

6 ラップをかけ、室温で**約20分**置く。

たたく

7 生地が手につかないように軽く水をつけ、生地の端を持ってやさしくたたいて表面を張らせるようにしながら返す。15～20回で生地の表面がきれいになるように返していく。

Point

この生地を置く時間と、たたく工程が「こねる」作業の代わりになります。置いている時間に生地がつながり、その生地をボウルにやさしくたたきつけることで、整っていきます。生地の手前を端から持ち上げ、奥に返しながらボウルにたたきつけましょう。

Point

手に水をつけるのは2回まで！つけすぎると生地の水分量が多くなりすぎていつまでもベタついたままに…。水をつけなくなってもたたいているうちにベタつきは落ち着いていきます。

分割・ベンチタイム

11 台に打ち粉をして生地を出し、スケッパーを使って6分割にする。

12 手にも打ち粉をし、分割した生地をそれぞれやさしくおさえたら、表面を張らせるようにして丸め直し、とじ目をとじる。

13 とじ目を下にして台に並べ、濡れ布巾をかけて**約10分**そのまま置く。

成形

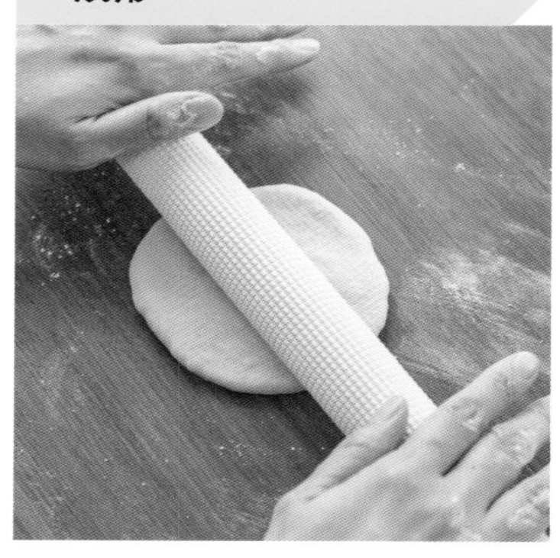

14 布巾をはずし、生地をやさしくポンポンとおさえたら、めん棒で生地の厚みが均一になるように、直径10cmの円にのばす。

Point

ガス抜きしすぎは失敗のもと。生地をぺったんこにつぶしてガス抜きすると焼いたときに生地がふくらみにくくなります。

二次発酵

（二次発酵前）

15 クッキングシートを敷いた天板に成形した生地を移し並べて濡れ布巾をかけ、**40℃**のオーブンで**約20分**発酵させる。

（二次発酵後）

16 ひとまわり大きくふくらんだら二次発酵完了。

焼く

190℃／15分

20 **190℃**に予熱したオーブンで**約15分**焼く。焼き上がったら、ケーキクーラーの上などに出す。

Memo

イーストの分量について

パンをふくらませるのに大切なイースト。この本で使用しているのはインスタントドライイーストで、手軽に手に入ります。本書では初心者さんも失敗なく作れるように「小さじ1」にしていますが、慣れてきたら小さじ1/2までは減らして作ることもできます。

トッピング

17 ハケなどで生地の表面に溶き卵を塗る。

18 指で5か所をしっかりへこませて、へこみにトッピング用のバターをちぎってのせる。

Point

焼いているうちに生地がふくらみ、へこみがなくなってしまうこともあるので、しっかりとへこませましょう。

19 グラニュー糖を全体にたっぷりと振り、アーモンドスライスをのせる。

Point

トッピングのバターとグラニュー糖は思っているよりもたっぷりめにした方がおいしく仕上がります。バターはひとつの生地につき7g以上、グラニュー糖は4g以上がおすすめです。

Memo

水分について

増やしても10gまで！

水分量（水・牛乳・卵）を増やすと、パンはやわらかく作ることができます。だからと言って、むやみに水分を増やすのはNG！ パンの水分は増やせる量にも限界があるのです。増やしたい場合は材料を混ぜる段階で、様子を見ながら合計10gくらいまでにとどめましょう。一次発酵前のまとめ終わりの段階で「ベタベタでまとまらない」「生地がだらんとして張りがない」状態は水分量の増やしすぎです。

生地

デニッシュ風生地を「一次発酵」完了まで作る。
(P.68/作り方1〜10)

〔材料〕各1個分　直径12cm×高さ5.5cm丸型

【ハムチーズ】

ハム…4枚

ピザ用チーズ…40g
(成形用30g／トッピング用10g)

【チョコ】

板チョコレート…1枚(50g)

溶き卵…適量

打ち粉(必要に応じて)…適量

〔準備〕

- 丸型にクッキングシートを敷き込む。
- チョコレートは細かく刻む。

丸型は牛乳パックで作ってもOK。お花形を作るときは、巻き始めをギュッと強めに巻くと仕上がりがきれいです。

ARRANGE

チョコとハムチーズのうず巻きお花パン(難易度★★☆)

TOTAL 約2.5時間

作業時間 約35分

〔作り方〕

分割・ベンチタイム 10分

1 台に生地を出して、スケールを使って、生地を均等に2分割にし、丸め直す。

2 とじ目を下にして台に並べ、濡れ布巾をかけて**約10分**生地を休ませる。

成形

3 布巾をはずし、やさしくおさえたら、めん棒でそれぞれ20cm×25cmの長方形にのばす。

4 それぞれの生地の全体に具を散らす。
[チョコ] 刻んだチョコレート
[ハムチーズ] ハム、チーズ、お好みで黒こしょう(分量外)

5 25cmの長辺から生地を巻き、巻き終わりをつまんでとじたら、とじ目が横にくるように置く。(*a*)

6 上を少し残して、スケッパーで縦に2分割する。(*b*)

7 切り口を見せるように上向きにして2つ編みにし、編み終わりをつまんでとじる。(*c*)

8 7の編み終わり(手前)からくるくると巻き、巻き終わりをつまんでとじ、きれいな面を上にして型に入れる。(*d*, *e*)

二次発酵

9 天板に丸型を並べ、ふんわりとラップをかけ、**40℃**のオーブンで**約20分**発酵させる。型のフチ、ギリギリまで生地がふくらんだら二次発酵完了。

トッピング

10 **[チョコ]** ハケで表面に溶き卵を塗る。
[ハムチーズ] 全体にチーズをのせる。

焼く 15分

11 **210℃**に予熱したオーブンで**約15分**焼く。

Point

巻いているときに出てしまった具は、生地の上にのせて焼けばOK。

二次発酵後

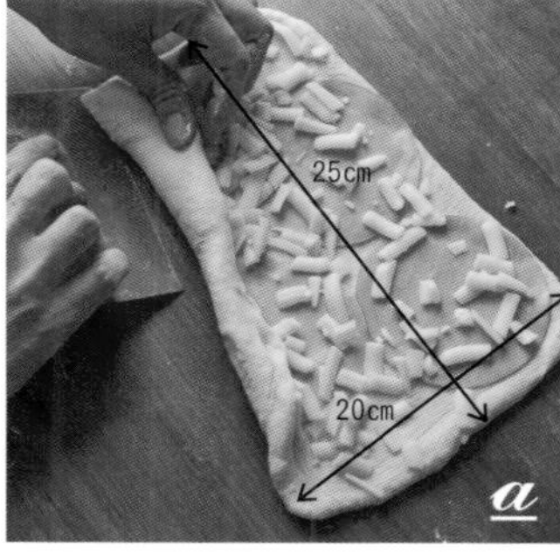

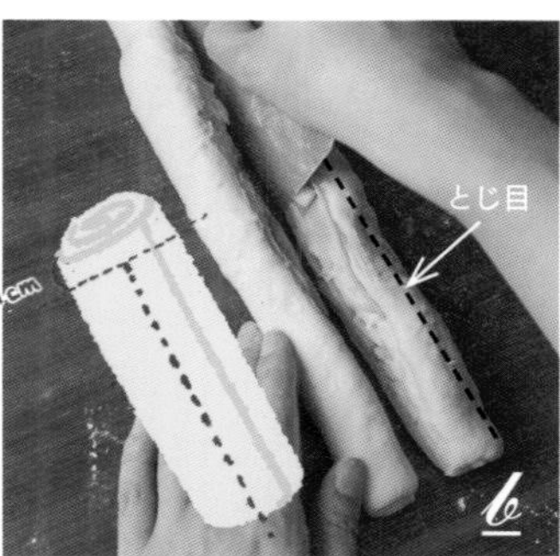

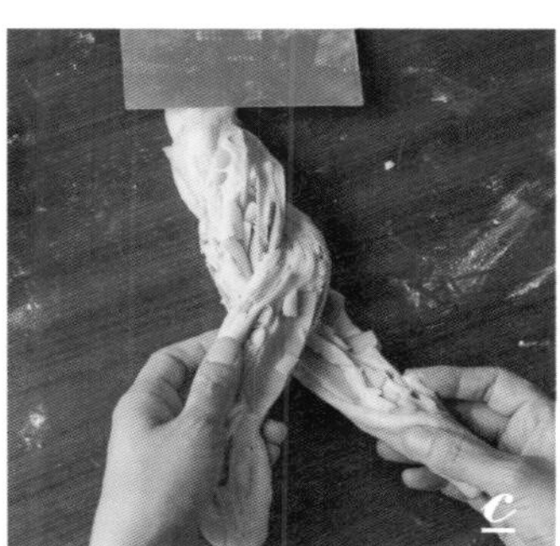

デニッシュ風生地で作る、ちょっぴりリッチなロールパン。おいしいのはもちろん、手のひらサイズのコロンとした大きさもかわいらしいです。

TOTAL 約2.5時間

作業時間 約35分

ARRANGE ロールパン（難易度 ★☆☆）

生地

デニッシュ風生地を「一次発酵」完了まで作る。
（P.68／作り方1〜10）

〔材料〕6個分

溶き卵…適量

打ち粉（必要に応じて）…適量

〔作り方〕

分割・ベンチタイム

1 台に生地を出し、スケッパーで6分割にし、丸め直す。

2 とじ目を下にして台に並べ、濡れ布巾をかけて**約10分**生地を休ませる。

成形

3 布巾をはずし、生地をやさしくおさえたら、めん棒で直径10cmの円にのばす。手前から巻き、巻き終わりをとじる。

4 棒状になった生地を縦に置いて手前から2/3くらいまで折り（a）、しずく形になるようにめん棒で25cm長さにのばす。

5 手前からゆったりと巻いて（b）形を整え、巻き終わりをつまんで軽くとじる。

二次発酵

6 クッキングシートを敷いた天板に巻き終わりが下になるように並べてふんわりとラップをかけ、濡れ布巾をかける。**40℃**のオーブンで**約20分**発酵させる。ひとまわり大きくふくらんだら二次発酵完了。

焼く

7 ハケで生地の表面に溶き卵を塗る。

8 **200℃**に予熱したオーブンで**約13分**焼く。

Memo

具を追加してアレンジ！

25cm長さにのばしたあと、チーズやウインナーを手前にのせて巻けばチーズロールやウインナーロールができます。お好みでアレンジしてください。

二次発酵後

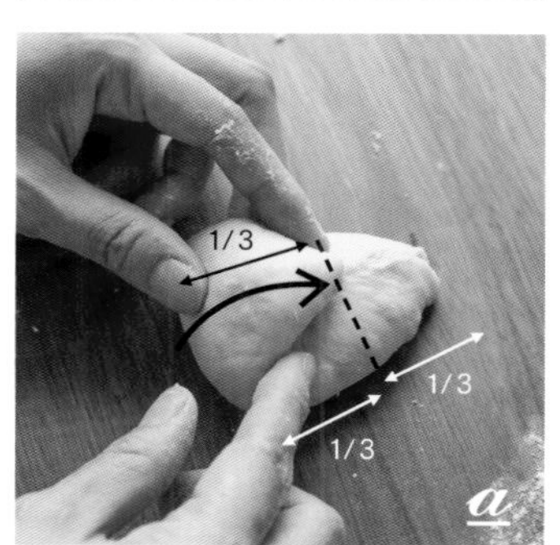

ARRANGE

ツナコーンパン（難易度 ★☆☆）

生地

**デニッシュ風生地を「一次発酵」完了まで作る。
(P.68/作り方1〜10)**

〔材料〕6個分

【フィリング】
ホールコーン（缶詰）… 100g
ツナ缶 … 1缶（70g）
マヨネーズ … 大さじ4
塩・こしょう … 各少々

【トッピング】
溶き卵 … 適量
粉チーズ … 適量

打ち粉（必要に応じて）… 適量

〔一次発酵中に準備〕

- ホールコーンはキッチンペーパーなどで**しっかり**水けを取る。
- ツナ缶は水分と油を**しっかり**切る。
- フィリングの材料をすべて混ぜ合わせる。

〔作り方〕

分割・ベンチタイム（10分）

1 台に生地を出し、スケッパーで6分割にし、丸め直す。

2 とじ目を下にして台に並べ、濡れ布巾をかけて**約10分**生地を休ませる。

成形

3 布巾をはずし、めん棒で直径10cmの円にのばし、フチを約2cm残して中央をくぼませる。

4 混ぜ合わせたフィリングをくぼませた中央部分にのせる。

二次発酵

5 天板に**4**を並べてふんわりとラップをかけ、**40℃**のオーブンで**約20分**発酵させる。ひとまわり大きくふくらんだら二次発酵完了。

トッピング

6 ハケで生地のフチに溶き卵を塗り、粉チーズを全体に振る。

焼く

7 **190℃**に予熱したオーブンで**約15分**焼く。

8 お好みで刻んだパセリ（分量外）を散らす。

二次発酵後

Memo

大きく焼いてピザ！

生地を分割せずに大きく広げれば、ピザのようにもできます。200℃に予熱したオーブンで15分をめやすに、様子を見ながら焼きましょう。

ツナとコーンの人気の組み合わせ。ボリュームがあり、食べ応えも十分！ 熱々はもちろん、さめてもおいしいです。

TOTAL 約2.5時間

作業時間 約30分

TOTAL
約2.5時間

作業時間
約40分

ARRANGE ぼうしパン（難易度 ★☆☆）

地域によって、ぼうしパンと呼ばれたり、UFO パンと呼ばれたりいろいろな名前があるこのパン。ぼうしの正体はしっとりクッキー生地です。見た目もかわいく仕上げましょう。

生地

デニッシュ風生地を「一次発酵」完了まで作る。
（P.68／作り方1〜10）

〔材料〕6個分

【クッキー生地】

バター（無塩）… 60g
砂糖 … 60g
溶き卵 … 40g
薄力粉 … 60g

打ち粉（必要に応じて）…適量

〔準備〕

・クッキー生地のバターを常温に戻す。
・必要な場合は絞り袋に丸口金をセッティングする。

〔作り方〕

クッキー生地を作る（一次発酵中に）

1 ボウルにバターと砂糖を入れてすり混ぜる。

2 白っぽくなったら溶き卵を2、3回に分け入れて、そのつどよく混ぜる。薄力粉をふるい入れ、さらに混ぜたら絞り袋に入れて、冷蔵庫で冷やす。

分割・ベンチタイム 10分

3 台にパン生地を出し、スケッパーで6分割にし、丸め直す。

4 とじ目を下にして台に並べ、濡れ布巾をかけて**約10分**生地を休ませる。

成形

5 布巾をはずし、生地をやさしくおさえたら、表面を張らせるようにして丸め直す。

二次発酵

6 天板にクッキングシートを敷き、とじ目を下にして生地を並べる。ふんわりとラップをかけ、**40℃**のオーブンで**約20分**発酵させる。ひとまわり大きくふくらんだら二次発酵完了。

Point

二次発酵完了の10分前くらいに冷蔵庫からクッキー生地を取り出し、絞りやすい固さにしておきましょう。

クッキー生地をのせる

7 クッキー生地をパン生地の上にうず巻きを描くように絞る。（*a*）

焼く

8 **190℃**に予熱したオーブンで**約15分**焼く。

Point

焼いている間にクッキー生地が溶けてだんだんとぼうしのような形になっていきます。パンとパンの間隔はなるべくあけて天板に置きましょう。そうすることで、溶けたクッキー生地でとなりのパンとつながってしまうのを防ぐことができます。

二次発酵後

Memo

クッキー生地は重なってもOK！

クッキー生地はすべて使い切ってちょうどいい量になっています。それぞれのパン生地にバランスよく、のせましょう。

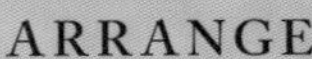

ふわっふわドーナツ2種

〈きな粉&シュガー〉（難易度★☆☆）

TOTAL 約2時間

作業時間 約35分

揚げたドーナツを横から見たときに見える白い線をドーナツのホワイトライン、といいます。これがきれいに出ていると、美しくおいしいドーナツといわれていますよ。

生地

デニッシュ風生地を「一次発酵」完了まで作る。
(P.68／作り方1〜10)

〔材料〕各4個分

【きな粉】
きな粉 … 10g
きび砂糖 … 10g

【シュガー】
粉糖 … 40g
水 … 小さじ1〜
※水の量は様子を見ながら調節してください

打ち粉（必要に応じて）… 適量
揚げ油 … 適量

〔準備〕

・クッキングシートを8cm角の正方形に切る（8枚）。

〔作り方〕

分割・ベンチタイム

1 台に生地を出し、スケッパーで8分割にし、丸め直す。

2 とじ目を下にして台に並べ、濡れ布巾をかけて**約10分**生地を休ませる。

成形

3 布巾をはずし、生地をやさしくおさえたら、表面を張らせるようにして丸め直す。生地の真ん中に指で穴を開け、くるくると回しながら穴を広げてドーナツ形に整え（*a*）、クッキングシートにひとつずつのせる。

Point

揚げていると生地がふくらみ、穴が小さくなるので、少し大きめ（指が4本以上入るくらい）に穴を広げておきましょう。

二次発酵

4 クッキングシートごと生地を天板にのせてふんわりとラップをかけ、**40℃**のオーブンで**約15分**発酵させる。ひとまわり大きくふくらんだら二次発酵完了。

揚げる

5 クッキングシートごとドーナツ生地を油に入れて、**170℃**で揚げる。きつね色になったら返し、両面で**約4分**揚げる。

トッピング

6 きな粉とシュガーの材料をそれぞれ混ぜ合わせる。

7 粗熱が取れたら混ぜ合わせたきな粉とシュガーにくぐらせ、ケーキクーラーに置いてさます。

二次発酵後

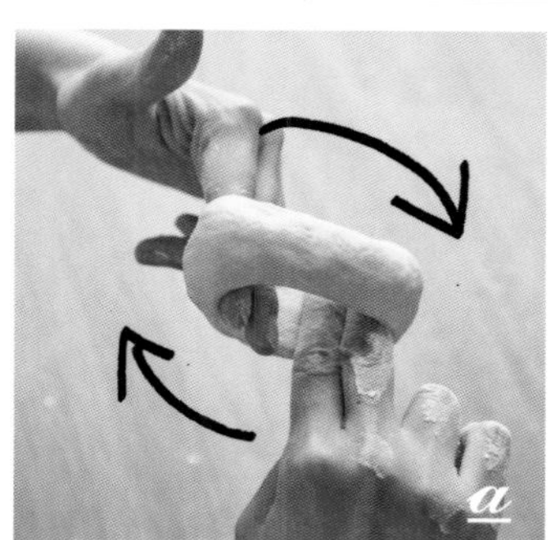

a

Memo

チョコドーナツにしても

溶かしたチョコレートをかけたり、真ん中で上下半分に切って生クリームを挟んだり。あなたのお好みのトッピングを試してみてくださいね。

生地

デニッシュ風生地を「生地を置く」完了まで作る。(P.68／作り方**1**～**6**)

〔材料〕1個分

【具・混ぜ込み】

お好みのドライフルーツ … 100g
（本書ではレーズン50g、ドライオレンジ20g、ドライクランベリー30g 使用）

ナッツ（素焼き）… 50g

溶かしバター（トッピング用・無塩）… 適量

粉糖（トッピング用）… 適量

打ち粉（必要に応じて）…適量

〔準備〕

- ドライフルーツは大きい場合は細かく刻み、ぬるま湯で洗い、キッチンペーパーで**しっかり**水けを取る。
- ナッツは粗く刻む。

TOTAL 約2時間

作業時間 約20分

クリスマス前に作りたくなる、ドライフルーツをたっぷり混ぜ込んだドイツのパンです。仕上げの粉糖はしっかり振って。

ARRANGE

シュトレン（難易度 ★☆☆）

〔作り方〕

たたく・混ぜ込み

1 ドライフルーツとナッツを2、3回に分けて加え入れる。生地全体にいきわたるように、そのつどたたきながら返し混ぜる。

2 生地をひとまとめにして丸め、とじ目を下にしてボウルに入れる。

一次発酵

3 ボウルにラップをかけ、**40℃**のオーブンで**約40分**発酵させる。生地の大きさが2倍くらいにふくらんだら、一次発酵完了。

ベンチタイム

4 台に生地を出し、丸め直す。

5 とじ目を下にして台に置き、濡れ布巾をかけて**約10分**生地を休ませる。

成形

6 布巾をはずし、生地をやさしくおさえたら、めん棒で26cm×18cmの楕円になるようにのばす。奥の生地を4cmくらい手前に折り、少しおさえたら手前から巻く。（*a*）

7 奥の生地がほんの少し下から出るくらいのところまで巻く。はがれないように上から少し生地をおさえて、形を整える。（*b*）

二次発酵

8 クッキングシートを敷いた天板にのせ、ふんわりとラップをかけて**40℃**のオーブンで**約20分**発酵させる。1.5倍にふくらんだら発酵完了。

Point

シュトレンは完全にふっくらするまで発酵させます。小型パンより発酵時間を長めにすると失敗しにくいです。

焼く

9 **190℃**に予熱したオーブンで**約23分**焼く。

トッピング

10 温かいうちにハケでパンの表面に溶かしバターを塗り、しっかりさめたら、茶こしなどで粉糖を振る。

Point

パンの表面にバターを塗ることで生地の乾燥を防ぎ、しっとりと仕上がります。

二次発酵後

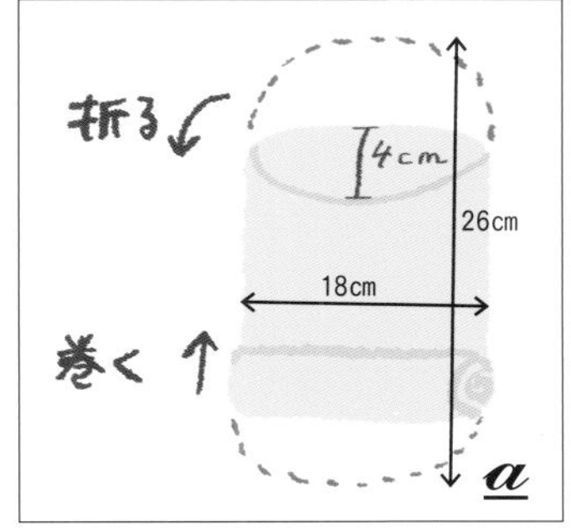

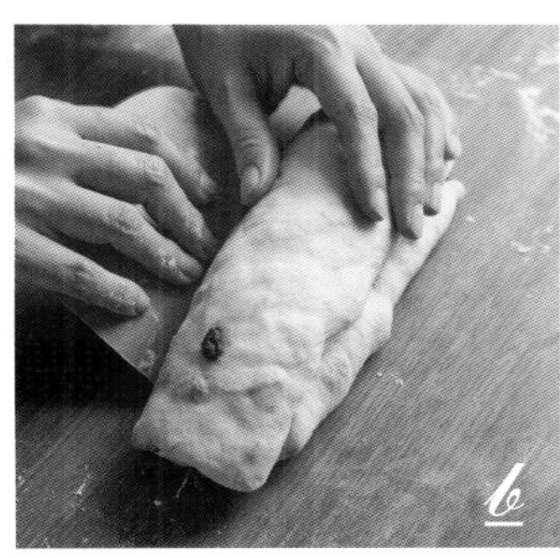

シートバターを折り込むとより濃厚でリッチなパンが作れます。めくりながら食べると、楽しいですよ。

BASIC めくるデニッシュ（難易度 ★★★）

デニッシュ風生地にシートバターを折り込んで、めくるデニッシュに。
この**折り込み生地**でデニッシュ食パン（P.90）、フルーツデニッシュ（P.92）も作ります。

生地

デニッシュ風生地を「一次発酵」完了まで作る。
（P.68／作り方**1**〜**10**）

〔材料〕
6個分　底径5.4cm×高さ4cm
マフィンカップ

【シートバター】 15cm角の正方形1枚分
バター（無塩）… 50g

【トッピング】
溶き卵 … 適量
グラニュー糖 … 適量
（デニッシュ1個あたり小さじ1/4くらいがめやす）

打ち粉（必要に応じて）… 適量

〔準備〕
- 約25cm×35cmにカットしたクッキングシートを15cm四方になるように折る。

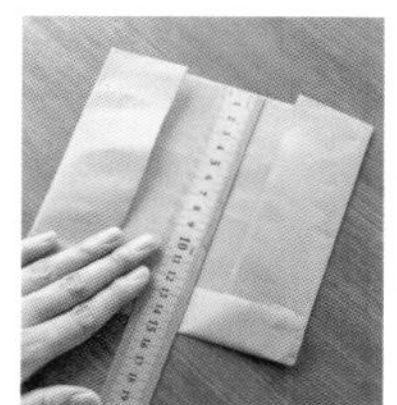

TOTAL 約3.5時間
作業時間 約1.5時間

〔作り方〕

シートバターを作る（一次発酵中に）

1 準備したクッキングシートを広げ、真ん中にバターを置いて挟む。

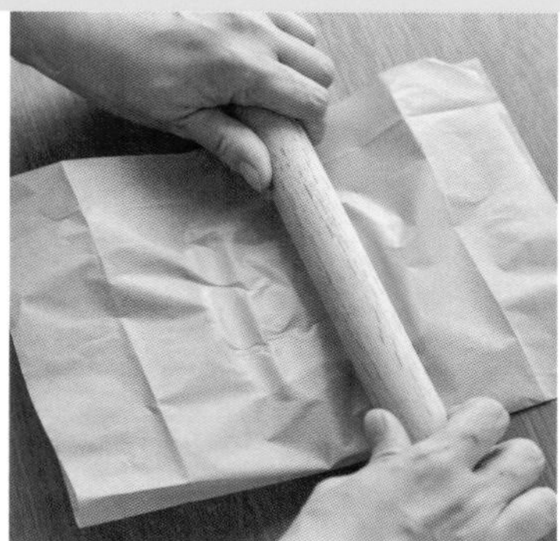

2 めん棒でバターを押しながらシート状になるようにのばす。

3 全体がまんべんなく広がってきたらクッキングシートの余ったところをたたむ。隅までのばし15cm角のシート状になったら、冷蔵庫に入れて冷やす。

Point

バターが溶けてしまうので手ではさわらないようにしましょう。バターをのばしている途中で溶けそうになったら冷蔵庫で5分冷やすなどするのがおすすめです。

シートバターを生地に包む

4 生地をやさしくおさえたら、めん棒で35cm×18cmの長方形にのばし、冷蔵庫から**3**を取り出して真ん中にのせる。

Point

このときも、バターはなるべくさわらないように。シートバターを生地にのせ、スケッパーでおさえながら、クッキングシートをはがすようにするとスムーズです。

5 生地の上下を中央に向かって折り、シートバター包む。生地のつなぎ目をつまむようにしてとじる。スケッパーを使って生地を90度回転させ、とじ目を縦向きにする。

折り込み

6 めん棒で生地を押すようにして45cm×20cmの長方形にのばす。

Point

生地がめん棒や台にくっつきやすくなっていたら、それぞれに打ち粉を。厚さを揃えれば大きさはきっちり合わせなくてもOK！

成形

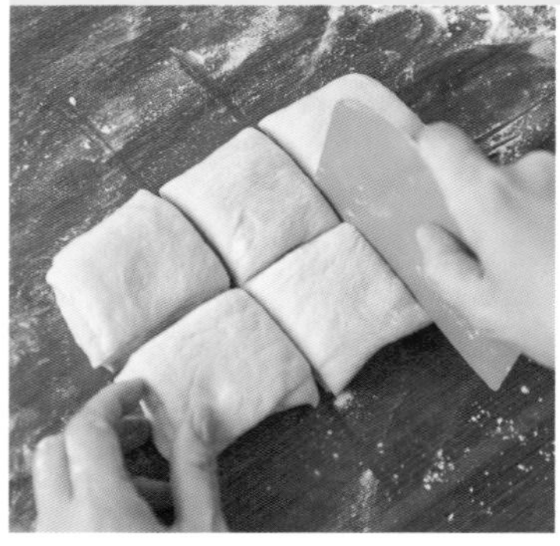

10 冷蔵庫から生地を取り出し、スケッパーで6分割にする。

11 6分割にした生地をさらに2分割にし、断面が上になるようにそれぞれの生地を重ねてマフィンカップに入れる。

Point

この時点で、きれいな断面を選んでおくと焼き上がりもかわいく仕上がります。

二次発酵

12 **11**を天板に並べ、ふんわりとラップをかけて30℃のオーブンで約20分発酵させる。

Point

シートバターを使うパンの二次発酵は、シートバターが溶けないように30℃までの低温で。室温が高い夏でなければ、室温に約30分置く二次発酵でもOKです。

7 しっかりのばしたら、上から下へ、下から上へと折りたたみ、生地を三つ折りにする。

Point

作業をしているうちに、生地に穴が開いてバターが出てきてしまったら、その部分には強力粉を振って折りたたみましょう。

ベンチタイム

8 長めにカットしたクッキングシートで生地を包み、その上に濡れ布巾をかけて、冷蔵庫で**約15分**休ませる。

Point

バターが溶けないように、一度冷蔵庫で冷やします。

折り込み・ベンチタイム

9 冷蔵庫から生地を取り出し、**6**、**7**、**8**を2回繰り返す。

Point

シートバターを生地に包んだら、「のばす・三つ折り・冷やす」を合計3回繰り返します。1回でも問題ありませんが、繰り返すと生地の層が増えて、よりデニッシュらしくなりますよ。

(二次発酵後)

13 マフィンカップから生地が少し出るくらいまでふくらんだら二次発酵完了。

トッピング

14 ハケで生地の表面に溶き卵を塗り、グラニュー糖をたっぷり振る。

焼く

200℃／12分

15 200℃に予熱したオーブンで**約12分**焼く。

ARRANGE

デニッシュ風生地×シートバター

デニッシュ食パン（難易度★★★）

TOTAL 約4時間

作業時間 約100分

じゅわっとバターの風味が豊かに広がるデニッシュ食パン。ちょっぴり小さいサイズで、朝食にもおやつにもおすすめです。

〔材料〕1斤分　19.5cm×9.5cm×高さ9.5cm 食パン型

生地

折り込み生地を「折り込み・ベンチタイム」完了まで作る。
(P.86／作り方1〜9まで)

【トッピング】
溶き卵 … 適量
グラニュー糖 … 適量

打ち粉（必要に応じて）…適量

〔作り方〕

型を用意する

1 食パン型にハケでバター適量（分量外）を塗る。

Point

焼き上がり後、型からはずしやすくするために、たっぷりバターを塗ります。型に合わせてカットしたクッキングシートを敷き込んでもOKです。

成形

2 冷蔵庫から生地を取り出し、めん棒で20cm×16cmの長方形にのばす。

3 手前から2回巻き、芯を作る。芯になった部分以外の生地をスケッパーで2cm幅に切る。（a）

4 切り口を見せるように上向きにして芯にかぶせるようにしてゆるく巻く。（b）

二次発酵　30分

5 4のかぶせた面を上にして型に入れる。ふんわりとラップをかけ、**30℃**のオーブンで**約30分**発酵させる。型のフチから約2cm下までふくらんだら二次発酵完了。

Point

牛乳パック型を使用するときは、型のフチ、ギリギリまでふくらんだら発酵完了です。ふくらみが足りない場合は5分ずつ発酵時間を追加して様子を見ましょう。

トッピング

6 ハケで生地の表面に溶き卵を塗り、グラニュー糖をたっぷり振る。

Point

全体を通して、生地がゆるくて扱いづらいときや、バターが溶けてきたなと思ったときは迷わず冷蔵庫へ入れて冷やしましょう。折り込んだバターを溶かさないことが成功の秘密です。

焼く　25分

7 **190℃**に予熱したオーブンで**約25分**焼く。

二次発酵後

〔材料〕6個分

【カスタードクリーム】

卵黄…1個分

砂糖…25g

薄力粉…10g

牛乳…90g

ラム酒…小さじ1/8
(バニラエッセンス2、3滴やオレンジリキュールなどにしてもOK)

バター(無塩)…2.5g

※カスタードクリームはP.25の作り方を参考に、1回の加熱時間は30秒をめやすとして下さい。P.25よりも分量が少ないので、長時間の加熱はおやめ下さい。

【トッピング】

お好みのフルーツ…適量
(本書ではブルーベリー、ラズベリーなどを使用)

粉糖…適量

打ち粉(必要に応じて)…適量

生地

折り込み生地を「折り込み・ベンチタイム」完了まで作る。
(P.86/作り方**1**～**9**まで)

サクサクのデニッシュ生地とカスタードの相性が抜群。季節に合わせてお好みのフルーツでアレンジしてみてくださいね。

ARRANGE

デニッシュ風生地×シートバター

フルーツデニッシュ (難易度★★★)

TOTAL 約4時間

作業時間 約2時間

〔準備〕

- カスタードクリームを作る。

〔作り方〕

成形

1 冷蔵庫から生地を取り出し、めん棒で21cm×31cmの長方形にのばし、スケッパーで4辺を約5mm切り落とす。

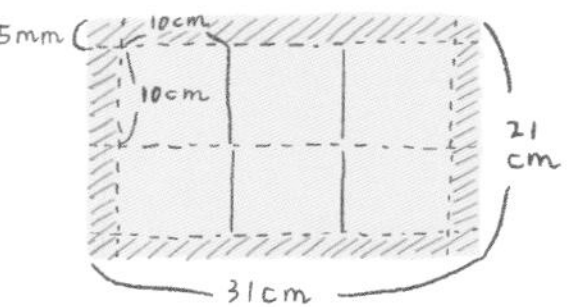

Point

焼いたときに、生地とバターの層がきれいに見えるように生地の端を切り落とします。

2 1枚が10cm角の正方形になるように6分割にする。

3 生地全体と手に打ち粉をし、それぞれの生地を半分に折って三角形にする。(*a*)

4 生地のフチから約1cm内側を切る。そのとき、角を少しだけ切らずに残す。(*b*)

5 三角形にした生地を開き、切った外側1cmのフチに溶き卵(分量外)を塗る。

6 溶き卵を塗った部分を交差させ、反対側に軽くおさえてくっつける。(*c*)

7 フォークで真ん中を数か所さす(ピケ)。(*d*)

二次発酵

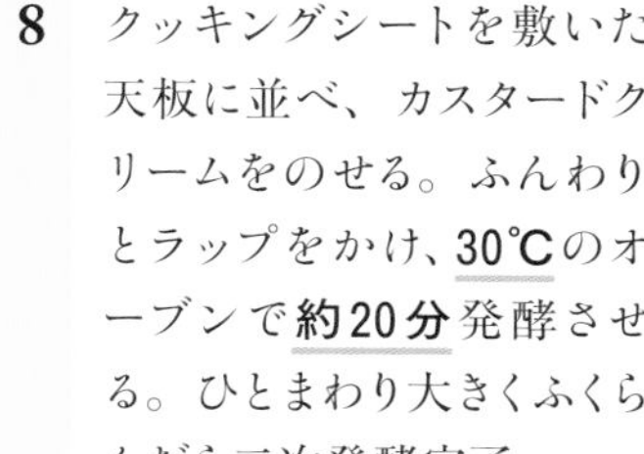

8 クッキングシートを敷いた天板に並べ、カスタードクリームをのせる。ふんわりとラップをかけ、**30℃**のオーブンで**約20分**発酵させる。ひとまわり大きくふくらんだら二次発酵完了。

焼く

9 **220℃**に予熱したオーブンで**約15分**焼く。焼き上がったらケーキクーラーにのせてさます。

トッピング

10 粗熱が取れたらフルーツをのせて粉糖を振る。

Memo

切り落とした生地もおいしく!

1で切り落とした生地は適当な長さに切り、スティック状にします。塩・こしょう・粉チーズを振り、一緒に焼いてスティックデニッシュのできあがりです。もちろん、溶き卵を塗ってグラニュー糖を振って焼いてもOKですよ。

二次発酵後

a

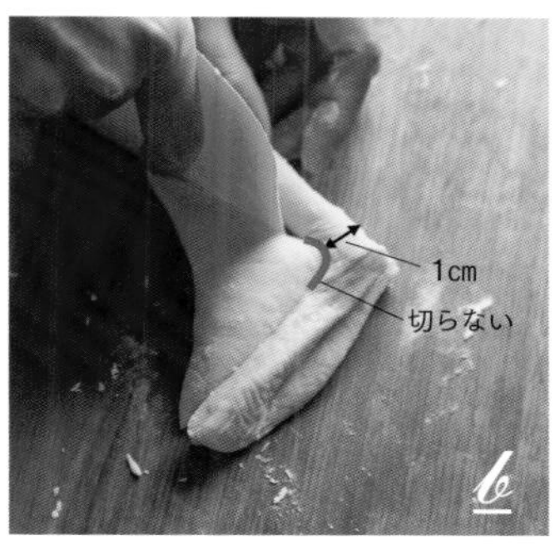

b

c

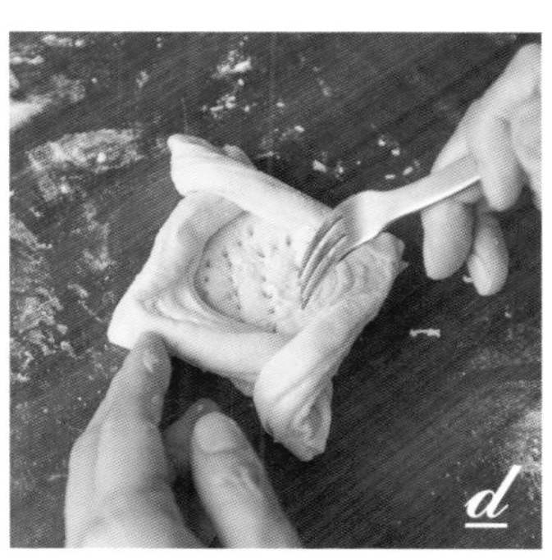
d

おわりに

私がおうちパンにはまったのは、好きなこと、やりたいことはなんだろう…と、興味を持てることを探していた8年ほど前のこと。何となしに参加したパン教室がきっかけでした。そこで初めて出会った手作りパンのおいしさやパン作りの楽しさ、想像していたよりもずっと簡単に作れることへの感動は今でも忘れられません。

それ以来、焼いてみたいパンが次から次へと浮かび、毎日夢中になって作り続けています。おうちごはんがおいしいのと一緒で、おうちで手作りするパンも、とんでもなくおいしいのです。焼けば焼くほどパンが好きになり、次第に私のパン作りを多くの方々へお伝えしたいと考えるようになりました。本の出版もその夢のうちのひとつです。

私はいつも「今日はどんなパンが食べたいかな？」と自分に問いかけるようにしています。パン作りはポイントさえおさえれば、驚くほど簡単です。イメージ通りのパンが初めて作れるようになったときは、本当に嬉しかった。だからこそ、この本をきっかけに自分がイメージするパンが焼ける喜びと感動を、多くの方に感じていただけたらとても嬉しいです。

いつも応援してくださっている皆さま、この本の制作に関わってくださった皆さま、本当にありがとうございます。皆さまからの応援がエネルギーとなり、今日も明日もパンが焼けることをとても幸せに思います。

あつあつパン教室
鈴木あつこ

Staff

撮影／鈴木泰介

デザイン／鳥沢智沙（sunshine bird graphic）

スタイリング／小坂桂

DTP／三光デジプロ

校正／夢の本棚社

編集協力／宮本貴世

調理アシスタント／加藤美穂　長坂まなみ　福池素美

イラスト／rocca design works

あつあつパン教室

鈴木あつこ

365日、毎日パンを焼く。
パン教室講師。自宅のパン教室「あつあつパン教室」や、キッズ教室、イベント、YouTubeなどでパン作りの魅力を日々伝えている。どんな人でも短期間でパン屋さんのようなパンが作れるようになる、パン作りのコツを伝え、楽しんでもらうことを大切にしている。
本書が初めての著書となる。

YouTube【あつあつパン教室】
https://www.youtube.com/channel/UC9ZnKfXEjdN0xZYAP2rfu-w

Instagram
@atsupan7

ざっくりだから、手軽でかんたん。

世界一作りやすい本格おうちパン

2021年10月27日　初版発行
2022年12月15日　7版発行

著／あつあつパン教室　鈴木あつこ

発行者／山下　直久

発行／株式会社KADOKAWA
〒102-8177　東京都千代田区富士見2-13-3
電話　0570-002-301（ナビダイヤル）

印刷所／大日本印刷株式会社

●お問い合わせ
https://www.kadokawa.co.jp/（「お問い合わせ」へお進みください）
※内容によっては、お答えできない場合があります。
※サポートは日本国内のみとさせていただきます。
※Japanese text only

定価はカバーに表示してあります。

ISBN 978-4-04-605427-2　C0077

パン専用型紙

成形をするとき、サイズを測るのは意外と面倒。のばした生地の大きさがどのくらいかがわかる型紙を作りました。生地を直接のせるとくっついてしまうので型紙にクッキングシートを重ねるなどして使ってください。
大きさはあくまでもめやすなので、少し小さいくらいであれば大丈夫。気軽にパン作りを楽しんで下さいね。

使い方

①型紙を見ながら生地をのばす。
②クッキングシートを型紙の上に重ね、生地をのせて大きさを確認する。

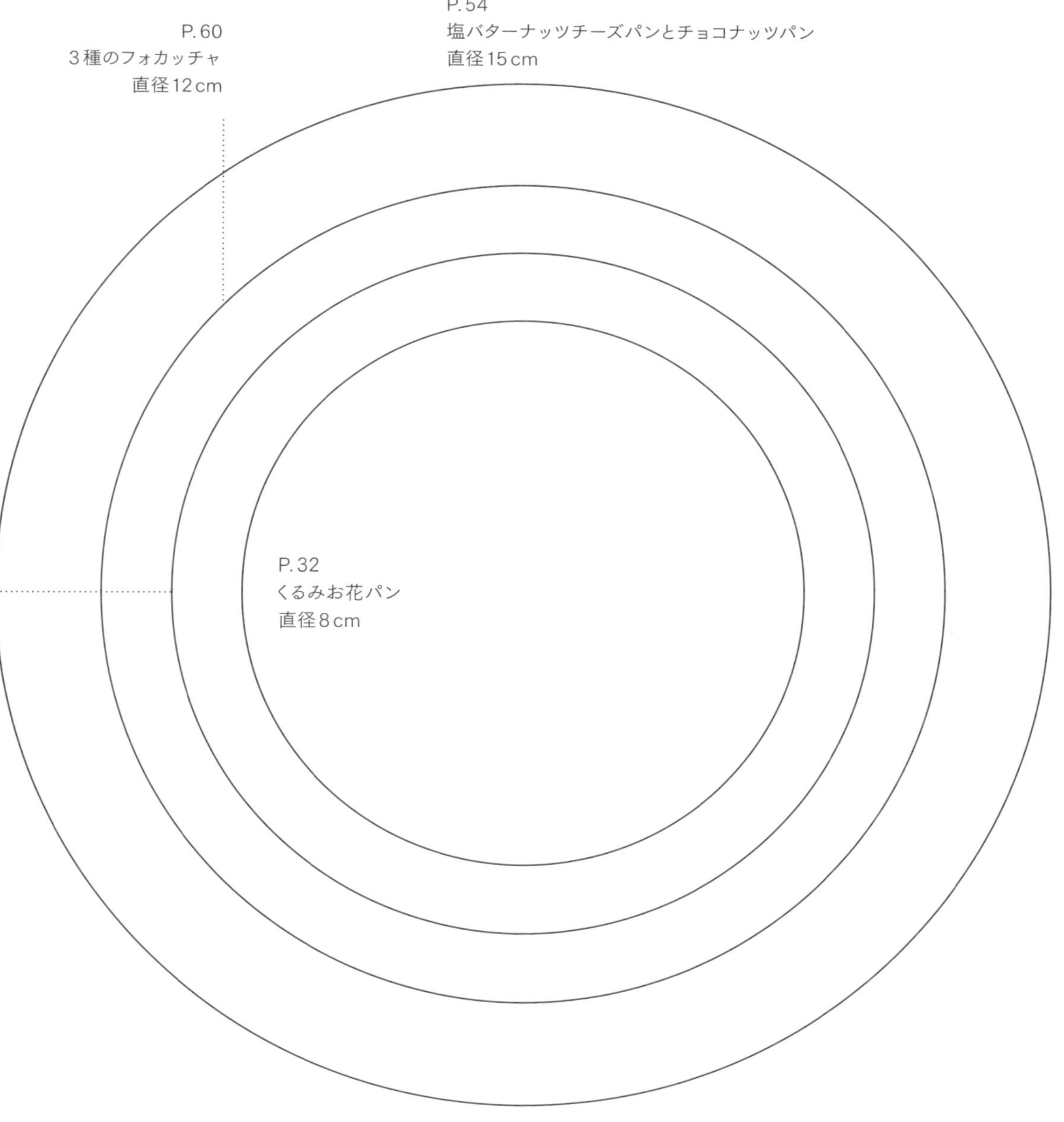

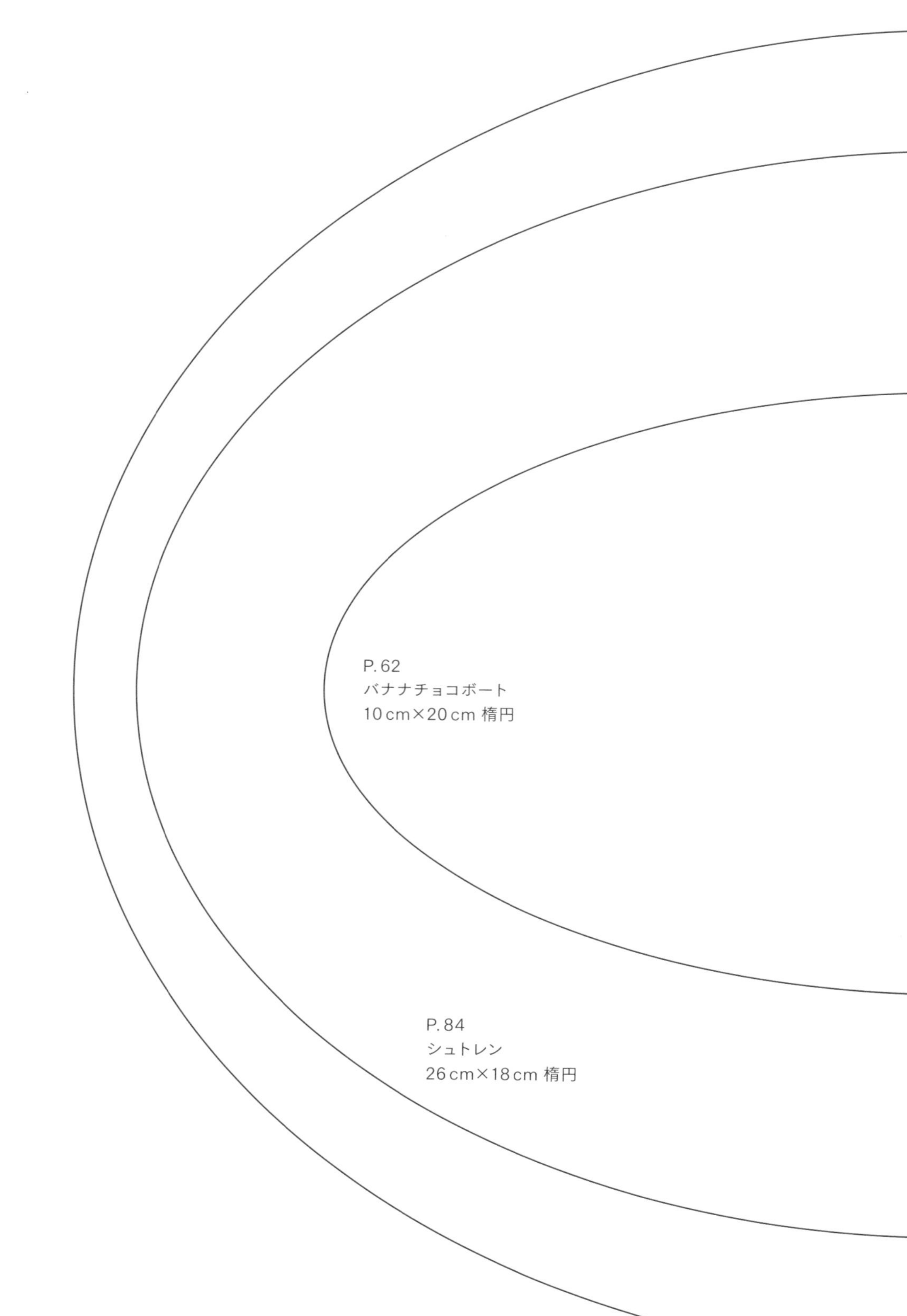
P. 62
バナナチョコボート
10 cm×20 cm 楕円
P. 84
シュトレン
26 cm×18 cm 楕円

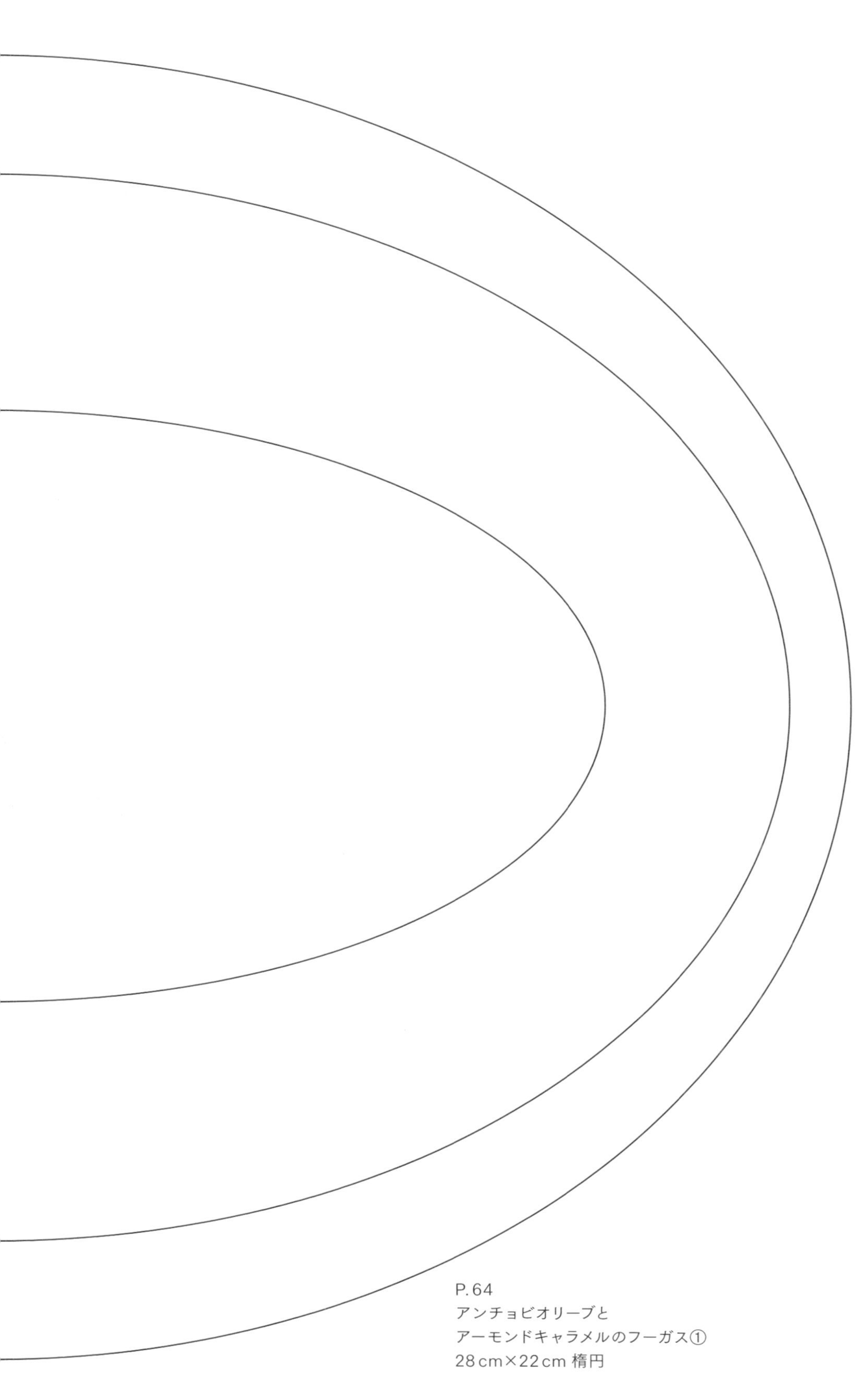

P. 64
アンチョビオリーブと
アーモンドキャラメルのフーガス①
28 cm×22 cm 楕円

P.92
フル
21cr
P.34 グラタンパン& クリームチーズパン
P.68 ブリオッシュシュクレ
P.76 ロールパン①
P.78 ツナコーンパン
直径10cm

キリトリ線

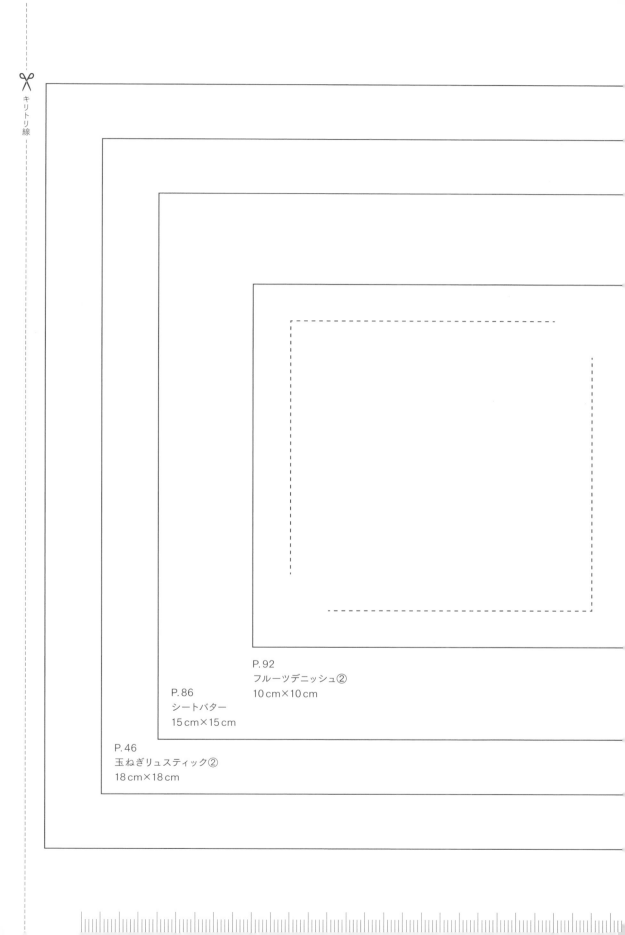

P. 92
フルーツデニッシュ②
10 cm×10 cm

P. 86
シートバター
15 cm×15 cm

P. 46
玉ねぎリュスティック②
18 cm×18 cm

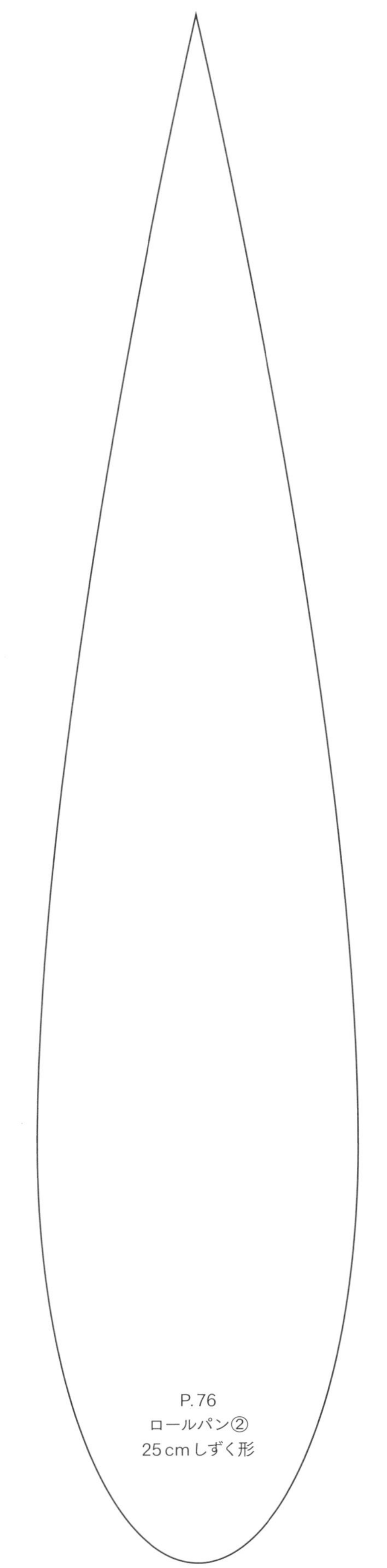

キリトリ線

P. 86
めくるデニッシュ②
45 cm×20 cm
P. 24
白いクリームパン
15 cm×12 cm 楕円

P. 52
3種のエピ
10cm × 24cm

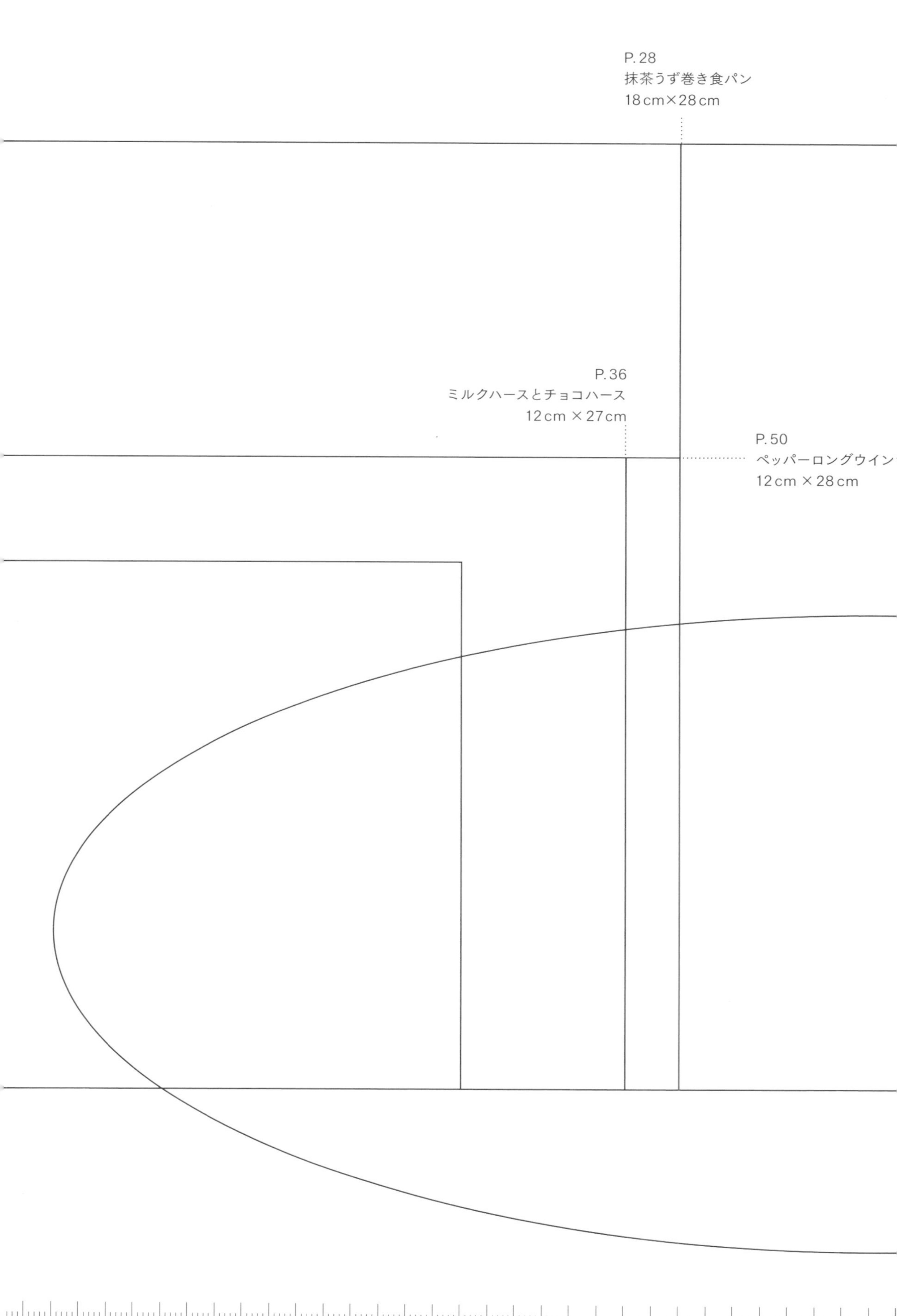
P. 28
抹茶うず巻き食パン
18cm×28cm
P. 36
ミルクハースとチョコハース
12cm × 27cm
P. 50
ペッパーロングウイン
12cm × 28cm

P. 86
めくるデニッシュ①
35 cm × 18 cm

キリトリ線

P. 64
アンチョビオリーブと
アーモンドキャラメルのフーガス②
30 cm×12 cm 楕円